LA PSYCHOLOGIE
ET SES
APPLICATIONS PRATIQUES

FRANÇOIS CHARVIN / GUY MINGUET
JEAN-CLAUDE QUENTEL / ROBERT SAMACHER

sous la direction de
MARIE-CLAUDE LAMBOTTE

LA PSYCHOLOGIE
ET SES
APPLICATIONS PRATIQUES

LE LIVRE DE POCHE

LES AUTEURS

Marie-Claude LAMBOTTE.

Professeur de psychopathologie à l'Université Paris XIII, de formation psychologique et philosophique, s'est intéressée à la fois à des questions de clinique, particulièrement à la mélancolie, et à des questions d'épistémologie rendant compte de l'histoire des idées en psychologie. Collaboratrice de nombreuses revues et encyclopédies, elle a publié *Esthétique de la mélancolie* (Aubier, 1984) et *Le discours mélancolique ; de la phénoménologie à la métapsychologie* (Anthropos, 1993).

François CHARVIN.

Actuellement consultant en ingénierie pédagogique et directeur général de la société AMS (Action Management Systems) ; a précédemment exercé comme enseignant universitaire et psychologue clinicien. A publié *Communication et entreprises* (avec J.P. Marhuenda, Eyrolles, 1991).

Guy MINGUET.

Docteur de l'Institut d'études politiques de Paris, coordonnateur du Département des Sciences de l'homme et de la société d'École des mines de Nantes. Auteur de : *Chefs d'entreprises dans l'Ouest* (PUF, 1993) et *Devenir consultant junior* (L'Harmattan, 1995).

Jean-Claude QUENTEL.

Professeur au Département des Sciences du langage de l'Université de Rennes 2. A exercé pendant une vingtaine d'années à temps plein comme psychologue clinicien auprès d'enfants. A publié : *L'enfant. Problèmes de genèse et d'histoire* (De Boeck, coll. « Raisonnances », 1993).

Robert SAMACHER.

Maître de conférences, UFR Sciences humaines cliniques à l'Université Paris VII. Psychologue de secteur psychiatrique. Dernier article publié avec N. Skurnik : « À propos du cas Schreber et ses actualisations » (Annales Méd. Psychol., 1993, 151, n° 7.

INTRODUCTION

par

Marie-Claude Lambotte

De toutes les sciences humaines, la psychologie est la discipline la plus fréquemment invoquée dès qu'il s'agit de donner une description ou de fournir une explication relative aux comportements humains en général. Il n'y a pas de domaine qui lui échappe, et elle pénètre aussi bien les secteurs médicaux et paramédicaux que celui de l'entreprise et des organisations sociales, de même que celui de l'éducation. Jusqu'au sein de la cellule familiale, elle alimente les discussions amorcées le plus souvent par les émissions de télévision ou les revues de vulgarisation. C'est dire, bien sûr, que les médias contribuent à cette « sur-information » qui tend à faire en partie de la psychologie un phénomène de mode.

L'importance accordée à cette discipline apparaît également à travers le grand nombre d'étudiants inscrits dans les UFR (Unites de formation et de recherche) ou les Départements de psychologie des universités. La presse s'en fait l'écho tous les ans, et les enseignants s'inquiètent de l'insuffisante capacité d'accueil des établissements. Que viennent donc chercher les étudiants pour s'inscrire ainsi massivement dans les sections de psychologie ?

Si les enseignants universitaires ne peuvent répondre clairement à cette question, ils peuvent toutefois témoigner du réel intérêt des étudiants pour cette discipline intégrée dans le vaste domaine des sciences humaines. On s'accorde à reconnaître, entre autres motivations des étudiants, la remise en question des modes habituels de pensée que suppose la psychologie à la différence des sciences exactes. Sans doute la psychologie diffère-t-elle en effet des sciences exactes quant à ses méthodes, ses objectifs et ses applications, mais elle fait appel toutefois à ce que certains nomment l'expérience – et même l'expérimentation –, et d'autres la pratique ou les pratiques. On pressent donc déjà que la psychologie n'offrira pas une vision d'ensemble unifiée, mais se subdivisera en spécialités qui formeront autant de disciplines autonomes.

Non pas une psychologie, mais des psychologies

Aussi bien devrait-on plutôt parler non pas de *la* psychologie, mais *des* psychologies selon les objets d'étude envisagés (la dynamique des groupes, la maladie mentale, la recherche pédagogique, la communication de masse…). Ces objets d'étude peuvent également induire des démarches distinctes propres à chacune des disciplines psychologiques ; ainsi par exemple de la maladie mentale qui peut tout aussi bien « faire l'objet » de la psychologie clinique que de la psychologie sociale selon la visée de chaque chercheur. La psychologie se distribue donc en disciplines diverses qui peuvent s'attacher à un même objet d'étude selon des points de vue différents ; de surcroît, elle utilise encore les apports de disciplines voisines mais extérieures, telles par exemple la sociologie, la pédagogie ou l'ethnologie.

La psychologie, à travers ses divers objets et domaines d'application, diffère donc considérablement de ce que présentent généralement les médias. La vulgarisation médiatique d'une « psychologie des problèmes quotidiens » est peut-être séduisante, mais aussi fortement réductrice. Elle reste loin en tout cas d'une initiation véritable à la psychologie, conçue tout à la fois comme une *science* et comme une *pratique* selon les méthodologies propres aux différentes spécialités. Certaines d'entre elles se rapprochent de la méthode expérimentale des sciences exactes dans une visée « objectivante » de leur objet d'étude, telle l'ancienne psychologie générale des fonctions dite précisément psychologie expérimentale (la perception, la mémoire, l'imagination, etc.) ou bien encore telle la psychologie cognitive qui analyse nos modes logiques de pensée et d'acquisition des connaissances. D'autres, au contraire, affirment pleinement la part nécessairement subjective de leur objet d'étude, celle-là même qui échappe à toute investigation expérimentale et à toute mesure, et qu'elles placent au centre de leurs constructions théoriques comme de leurs applications pratiques. C'est essentiellement, entre autres disciplines, l'approche de la psychologie clinique et même de la psychologie sociale quand elles s'efforcent d'appréhender l'individu dans toutes ses dimensions sans négliger son environnement personnel.

L'évolution de la psychologie a été telle ces deux dernières décennies qu'on éprouve même des difficultés à maintenir si nettement ces distinctions d'objectifs et de méthodes entre les disciplines. Ainsi par exemple, aucun chercheur ne contesterait de nos jours la présence irréductible de variables subjectives au sein des expérimentations ou des grilles d'observation quelles que soient les disciplines dont elles relèvent. Ces variables subjectives concernent tout ce qui, du fait de l'impossibilité de maîtriser totalement les composantes du comportement humain, relativise les résultats de l'expérimentation sous la forme d'interférences supposées qu'on ne peut parfois même décrire et encore moins éliminer ; ainsi par exemple de la position du chercheur qui participe du déroulement de l'expérience, que celle-ci se rapporte à des champs d'investigation aussi différents que la physiologie ou la psychanalyse. Présenter la psychologie, c'est alors présenter le psychologue dans la visée des applications et de la recherche qu'il soutient, avec ses objectifs tant pratiques que théoriques qui, à leur tour, déterminent une démarche méthodologique si ce n'est même une éthique particulières. En effet, si l'on ne va pas jusqu'à dire « autant de psychologues, autant de psychologies », on ne peut toutefois aborder la psychologie et ses différentes disciplines sans faire référence à la position personnelle de ceux qui en énoncent les principes théoriques et qui déduisent ensuite de ces principes les conditions de leurs applications. La question de l'adaptation de l'individu aux normes sociales par exemple ou de l'affirmation de son originalité parfois marginale, renvoie aux présupposés éthiques du psychologue. Ces présupposés devront alors faire l'objet d'un travail personnel d'introspection de la part du psychologue qui s'efforcera de les mettre au jour et de les neutraliser.

Le recours obligé à des modèles formels d'explication

Comment dès lors donner au profane une vue synthétique des théories et des activités de la psychologie qui respecte en même temps l'extrême complexité de cette science composite ?

Si la psychologie s'offre comme une mosaïque de disciplines relativement autonomes, c'est plus en affirmant résolument cette complexité qu'en cherchant à l'effacer sous le fallacieux prétexte que « dans l'homme, tout se tient », qu'elle témoignera d'une recherche rigoureuse, susceptible de faire évoluer simultanément pratique et théorie dans chacune de ses disciplines. Mais alors, pourquoi conserver le terme même de « psychologie » si c'est pour le faire éclater en disciplines apparemment sans plus de lien entre elles ?

S'il apparaît que les différentes disciplines détiennent respectivement leur propre objet d'étude, leur méthode et leurs domaines d'application, cela n'implique pas pour autant qu'on ne puisse comparer les modèles théoriques formels sur lesquels elles s'appuient. Un modèle est une représentation logique abstraite qu'on utilise pour expliquer des phénomènes singuliers dont on aura pris soin d'ordonner les éléments selon la configuration même du modèle – si cela s'avère possible. Si les éléments qui interviennent dans les phénomènes à étudier ne peuvent s'intégrer à la forme du modèle, celui-ci n'apparaît pas pertinent pour expliquer le phénomène en question : il faut alors le remanier. La psychologie cognitive, par exemple, dont l'origine historique relève de l'étude de l'intelligence artificielle, choisira ses propres repères théoriques sur la base de systèmes logiques qu'elle aura, en partie, réorganisés en fonction des activités mentales qu'elle se propose d'étudier. La psychologie clinique, quant à elle, et encore plus la psychanalyse, construiront leurs modèles théoriques dans un effet d'après coup, après que l'expérience des cures et des thérapies ait suffisamment mis au jour des répétitions significatives, en empruntant leurs notions au vocabulaire de l'énergétique physique, de la dynamique des forces, de la biologie ou bien encore de l'optique. Ces modèles, destinés à couronner l'édifice théorique, sont rarement définitifs. Ils sont éventuellement remplaçables par d'autres modèles tout aussi formels et fictifs, mais correspondant mieux à la richesse de l'expérience clinique, dont on ne peut jamais entièrement rendre compte. La nécessité de recourir à de tels modèles lorsqu'on cherche à expliciter les activités mentales, le comportement des hommes en société, l'évolution des facultés psychiques de l'enfant ou le registre symptomatique des maladies, confirme l'appartenance de la psychologie aux sciences humaines ; en effet, celles-ci renvoient expressément à l'élaboration de ces modèles puisqu'ils servent à lire et à repérer des manifestations dont les ressorts restent souvent cachés à la seule observation comme à la seule rationalité. Pourquoi tel individu se comporte-t-il différemment au sein de son milieu professionnel et au sein de son milieu familial jusqu'à présenter des attitudes apparemment contradictoires ? D'où provient cet autre langage que sont les rêves et à quelle autre logique appartiennent-ils ? Qu'appelle-t-on représentations mentales et quelle est leur fonction dans l'opération de la pensée ? Toutes questions dont le traitement demande un nouveau vocabulaire de manière à expliciter formellement les opérations et les mécanismes sous-jacents aux phénomènes décrits.

Aussi bien, s'il y a matière à comparer les disciplines psychologiques, ce serait au niveau de la construction des modèles propres à chacune d'elles en un travail éminemment épistémologique. On prendra le terme « épistémologie » au sens d'une critique de la connaissance scientifique, c'est-à-dire de l'examen des présupposés qui fondent une théorie scientifique (principes, définitions, hypothèses…) afin d'en apprécier la validité et la portée. On tendra donc à penser que l'utilisation des modèles par les disciplines, plus que leurs objets ou leurs champs d'application respectifs qu'elles partagent entre elles le plus souvent, autorise une étude comparative dont les conclusions tendent à mieux cerner ce « reste subjectif » propre aux sciences humaines qui résiste à toute investigation. Rien ne sert de vouloir confondre les disciplines en évoquant leur communauté d'objet ou de champ ; elles se distinguent par la méthode qui les soutient et par les objectifs précis que déterminent les psychologues. Et c'est dans l'affirmation de leur hétérogénéité, généralement indiquée par la sélection de leurs modèles respectifs, qu'elles peuvent le mieux concourir ensemble à saisir les motifs et opérations qui président aux activités et aux comportements humains, sachant que cette part subjective immaîtrisable propre à leur objet figure en même temps la part essentielle qui nourrit leur démarche et permet, de ce fait, leur évolution.

Méthodes et domaines d'application de la psychologie

Une présentation actuelle de la psychologie dans toute sa complexité conduit à définir les présupposés méthodologiques des disciplines spécialisées qui la composent, pour mettre en valeur l'originalité de chacune d'elles. La psychologie clinique comme la psychologie sociale, par exemple, peuvent s'intéresser toutes deux au milieu hospitalier comme au milieu de l'entreprise ; or, elles conservent sans nul doute un objet d'étude et des visées pratiques distincts qui renvoient eux-mêmes à une certaine manière de conduire les investigations (l'écoute du « patient » ou l'interview de groupe, par exemple). La psychologie cognitive, elle aussi, peut se vouloir clinique ; on comprend qu'elle concourt aux recherches de la neuropsychologie par exemple, au sens où elle s'efforce d'appréhender en des systèmes logiques les défaillances de certains processus de pensée analysé dans une autre perspective par la seule neurologie. S'agit-il dès lors de la même clinique dont se réclame le psychologue clinicien « au lit du malade » ? Toutes questions que la présente introduction à l'étude de la psychologie voudrait contribuer à éclairer.

Pour cela, nous avons choisi de diviser cet ouvrage en deux volumes ; le premier porte sur les méthodes qu'utilisent à des degrés divers les différentes disciplines et doit permettre au lecteur de déceler rapidement ce qu'on appelle ordinairement les différents « courants » de la psychologie. Le second volume traite des pratiques du psychologue, en d'autres termes, des « métiers » de la psychologie et de la diversité des domaines d'application auxquels elle donne lieu.

Les méthodes de la psychologie

Les méthodes de la psychologie ponctuent l'histoire de la discipline et marquent son évolution. C'est dire qu'elles ont subi maintes transformations depuis la seconde moitié du XIXe siècle, époque au cours de laquelle on s'est efforcé de mesurer les phénomènes psychiques de la manière la plus objective possible. En conséquence, et paradoxalement, un intérêt renouvelé pour ce qui continuait d'échapper à cette exigence omniprésente de la mesure, ce « reste subjectif » spécifiquement humain, s'est fait jour dès le début du siècle suivant et s'est concrétisé dans une recherche qui ne visait plus tant à repérer des classes d'individus qu'à découvrir l'individu dans ses traits et mécanismes les plus singuliers.

Afin de rendre compte de cette évolution de la psychologie dans sa démarche et dans ses objectifs, nous avons choisi de privilégier les méthodes à la fois les plus générales et les plus actuelles, autrement dit celles dont les psychologues se réclament nécessairement et dont la large extension recouvre également l'éventail des méthodes plus particulières. Il s'agit de :

– la méthode comparative ;
– la méthode expérimentale ;
– la méthode clinique.

Une méthode indique une suite d'opérations ou de procédés que l'on doit appliquer de façon homogène en vue d'atteindre des résultats déterminés. C'est encore un mode de traitement des données ou des observations qu'on s'efforcera d'appliquer selon les mêmes principes (quantitatifs ou qualitatifs) tout au long de la recherche ou de l'expérimentation. Or, là encore, la psychologie, à travers la variété des disciplines qu'elle regroupe, offre de nombreuses occasions pour les psychologues d'appliquer plusieurs méthodes à un même objet d'étude, sans qu'ils en prennent bien conscience tant la démarche leur paraît naturelle. Ainsi par exemple de la méthode la plus ancienne : la méthode comparative, que la méthode expérimentale et la méthode clinique ne peuvent ignorer puisqu'il s'agit de comparer diverses populations ou divers individus entre eux et de relever les critères qui permettront de déterminer des classes d'individus homogènes.

Et si les méthodes peuvent concerner un même objet d'étude, elles peuvent encore concerner un domaine qui, apparemment, leur demeure étranger ; ainsi par exemple de la méthode expérimentale qui cherche à isoler des phénomènes psychophysiques ou psychologiques dans le but de les évaluer le plus objectivement possible et qui peut, hors laboratoire, trouver à s'exercer au sein d'un domaine clinique ou social particulier. Sans doute s'agira-t-il, dans ce cas, de bien distinguer, pour ce même domaine clinique, la visée du psychologue expérimentaliste de celle du psychologue clinicien, au sens où ce dernier tendra exclusivement à saisir la singularité de l'individu au sein de son contexte et à travers ses modalités propres d'expression. Mais le psychologue expérimentaliste dont l'objet relève du domaine de la clinique ne pourra-t-il se prétendre lui-même psychologue clinicien ? Question exemplaire parmi d'autres que les auteurs, en fonction de leur implication personnelle et de leurs compétences spécialisées, s'efforcent de traiter de manière originale tout au long de ces deux volumes.

Le choix des trois méthodes principales de la psychologie repose donc, en ordre décroissant, sur leur histoire, de la méthode la plus ancienne à la plus récente, et sur leur extension, c'est-à-dire sur leur capacité d'inclure des méthodes particulières adaptées plus précisément à divers domaines d'étude ; ainsi par exemple, la méthode comparative comprend-elle encore la méthode différentielle qui, à travers les découpages de population selon les sexes, les classes sociales, les niveaux de culture, etc., sert à repérer des caractéristiques destinées à conforter ou non la pertinence de ces découpages, et la méthode génétique particulièrement adaptée à la mise au jour des stades d'évolution chez l'enfant.

Il faut encore évoquer une dernière remarque qui ne peut manquer de surgir relativement au choix des méthodes retenues : c'est l'absence de la psychanalyse. En effet, si la méthode peut se décrire objectivement même si elle se trouve en partie recouverte par l'expérience personnelle du psychologue, la psychanalyse, quant à elle, relèverait plutôt de la pratique, voire d'un art, avant même que de la démarche, au sens où son mode de théorisation s'opère toujours dans l'après coup de l'expérience. Utiliser des notions de psychanalyse comme se trouve amené à le faire le psychologue clinicien ne transforme pas pour autant celui-ci en psychanalyste. La psychanalyse repose avant tout sur l'expérience personnelle de la cure et ne peut, à ce titre, relever de la psychologie, de son enseignement comme de son application. De surcroît, le sujet auquel s'intéresse la psychologie ne se confond pas avec le sujet auquel s'intéresse la psychanalyse, ce dernier désignant essentiellement un processus continu d'avènement, d'émergence, sans cesse reconduit par la confrontation avec autrui, et non pas une constitution assurée de ce qu'on pourrait appeler la personnalité. Aussi bien la psychanalyse donne-t-elle plus lieu à une forme de pensée qu'à une méthode ; et si elle se trouve souvent incluse dans la psychologie, cela ne peut être qu'au titre d'un enseignement universitaire, à travers la présentation de ses concepts et de ses modèles théoriques.

Les domaines d'application de la psychologie

Si la psychologie, à partir des années 1970, participe encore peu ou prou des avantages et désavantages d'un effet de mode, parmi ces derniers se profile l'image d'un nombre excessif de diplômés que ne pourra satisfaire un nombre d'emplois suffisant. Et cette situation éminemment paradoxale où l'on constate un intérêt toujours renouvelé pour la psychologie de la part de milieux professionnels divers, en même temps qu'un manque de postes à créer ou à pourvoir, se trouve malheureusement trop souvent vérifiée. Il reste que les applications de la psychologie couvrent des secteurs professionnels publics et privés de plus en plus variés (services hospitaliers de « pure » médecine, cabinets de consultants en organisation et communication d'entreprise, antennes socioculturelles des collectivités locales, etc.) et les psychologues, pour peu qu'ils acceptent de créer des fonctions nouvelles, trouvent à exercer leur art au profit de leurs intérêts et aptitudes plutôt qu'au profit de filières classiques mais insuffisantes auxquelles les destinaient les seuls titres de leurs diplômes. Autrement dit, le contexte socio-économique actuel qui offre aux psychologues, en même temps qu'un nombre insuffisant de débouchés traditionnels, de nouvelles fonctions à définir, les incite-t-il à mettre leurs acquis et leur expérience au service de ces nouvelles tâches, indépendamment du titre qui consacrait jusqu'à présent leur identité professionnelle. Cette situation se vérifie souvent dans les entreprises et les organisations où l'on privilégie les formations et les aptitudes des individus en rapport avec les fonctions qu'ils doivent occuper.

On trouvera donc dans le deuxième volume les divers « métiers » auxquels mènent les études de psychologie, qu'il s'agisse des voies professionnelles traditionnelles ou des voies novatrices liées aux nouveaux besoins de la vie sociale actuelle. Nous avons ainsi retenu les domaines d'application suivants :

– le domaine de la santé ;
– le domaine de l'éducation ;
– le domaine des entreprises et des organisations ;
– le domaine de la communication.

Le psychologue se trouve alors très nettement confronté à des choix et à des décisions à prendre, non seulement quant à la fonction qu'il s'engage à remplir au sein d'une institution donnée, mais encore quant aux critères de reconnaissance qui le font appartenir à une corporation et vis-à-vis desquels il risque de se sentir en décalage s'il consent à privilégier sa fonction aux dépens de son titre. Grave question d'actualité que les auteurs, tous professionnels dans le domaine qu'ils traitent, ne peuvent manquer d'évoquer en livrant leurs présupposés méthodologiques et en dégageant les objectifs vers lesquels ils tendent. C'est retrouver encore l'incidence de la position éthique du psychologue au sein de sa recherche comme de sa pratique.

L'embarras des chercheurs psychologues

On connaît la tendance à l'« isolation » des chercheurs lorsqu'ils se situent dans des perspectives différentes, sinon même parfois contraires ; peu enclins à échanger les réflexions et les découvertes qui ne reposent pas *a priori* sur les mêmes présupposés méthodologiques, les chercheurs – et les psychologues n'y échappent pas – échangent leurs communications entre initiés du même bord et finissent par ignorer les diverses autres démarches qui pourtant concernent souvent le même objet, sans pour autant poursuivre les mêmes objectifs. Deux arguments des plus légitimes, parmi d'autres sans doute, contribuent à cet état de fait : d'une part, la haute spécialisation des différentes disciplines de la psychologie qui ne permet pas qu'on puisse impunément s'essayer à en pratiquer plusieurs sous peine de ne pouvoir les approfondir suffisamment, et d'autre part, – argument beaucoup plus important, à notre avis –, l'hétérogénéité des positions personnelles des chercheurs psychologues qui, devant cette part irrémédiablement subjective que détient toute science humaine, doivent assumer en permanence la méthodologie qui correspond à leur éthique. Et l'on conçoit bien leurs réticences quant à la mise en commun de leurs expériences et de leurs élaborations dès lors qu'elles ne témoignent pas des mêmes objectifs, ni par conséquent des mêmes méthodes d'investigation. Autrement dit, la difficulté qu'éprouvent les chercheurs et praticiens psychologues à prendre connaissance des travaux de leurs collègues dès lors qu'ils se proposent un cadre de travail et des buts différents, conforte encore l'autonomie que s'arrogent malgré elles les différentes disciplines de la psychologie au point même qu'elles ne semblent plus faire partie de la même science. Rien ne sert de regretter une telle situation ; et le cheminement historique que chacun des auteurs n'a pas manqué de retracer pour son domaine d'étude, montre bien que l'indépendance acquise progressivement par les différentes disciplines figure également pour ces dernières le meilleur indice de leur évolution.

Cette présentation s'efforce donc de rendre compte de l'intérêt de la psychologie jusque dans ce qui constitue ce qu'on pourrait appeler ses lignes de fracture. Et sans doute celles-ci recouvrent-elles une hétérogénéité de modèles dont la mise en parallèle explique les motifs d'incompréhension qu'entretiennent souvent parmi eux les chercheurs de disciplines différentes. Aussi bien ne s'agit-il pas d'espérer une communauté de recherche qui ne pourrait que regrouper des choix contradictoires de données, mais bien plutôt de respecter les domaines de définition propres à chacune des disciplines en en connaissant mieux les présupposés méthodologiques.

Les astérisques renvoient au
glossaire en fin de volume.

LA SANTÉ

par

Robert Samacher

INTRODUCTION

La profession de psychologue clinicien est très récente du point de vue de son statut, son histoire est particulièrement complexe, faite de rencontres multiples qui lui ont permis d'élaborer ses propres concepts et modes d'intervention se détachant du cadre général de la psychologie.

L'attitude « clinique » date déjà de l'Antiquité, elle n'a pas toujours été respectée. Elle reste cependant repérable au cours de l'histoire et nous verrons comment elle a été reprise par les psychologues en rupture avec la demande sociale. En effet, sur le plan professionnel, les psychologues sont d'abord des psychotechniciens. Les phénomènes psychiques sont assimilés à des manifestations physiques ou physiologiques donc mesurables, ils doivent intégrer le moule scientifique. La mesure des seuils de réaction ainsi que des capacités est alors au centre des intérêts, le psychologue sélectionne, établit des normes, est consulté comme expert. Le développement socio-économique demande d'adapter l'homme à la machine.

La remise en question de ces instruments par les psychologues eux-mêmes, qui se rendent compte qu'ils « chosifient » le sujet – cette critique sous l'influence de la psychanalyse –, entraîne le passage de la description du comportement, des conduites à la reconnaissance du sujet pris dans le langage et à l'analyse de son discours. Ce faisant, les psychologues adoptent une position éthique : ils renoncent à un idéal de compétence où tout est mesurable, quantifiable, pour passer à une lecture du discours reconnaissant le sujet avec ses failles, sa souffrance et ses limites ; cela suppose la reconnaissance d'un « reste » non assimilable par les sciences de la nature mais qui se trouve pris en compte par les sciences de l'homme.

Le trajet historique permet de suivre les mouvements dialectiques entre les données théoriques et juridiques d'une part et les interrogations des professionnels dans la quête de leur spécificité d'autre part. Celle-ci s'est centrée autour du mot « clinique » représentant à la fois l'attitude décrite par Hippocrate privilégiant le malade et son environnement, la position d'écoute empruntée à la psychanalyse et cette façon d'être qui consiste à interroger sa propre subjectivité face à l'autre, que ce soit dans une « rencontre » individuelle ou institutionnelle.

I

CLINIQUE ET CLINICIENS DANS L'HISTOIRE

A – Prolégomènes d'une position de clinicien : la quête d'un savoir sur l'homme

Clinique, du grec *klinos*, veut dire au « pied du lit » et est référé au champ médical. C'est à Hippocrate (460-380 av. J.-C.) que nous devons cette notion. Il opère une véritable rupture par rapport aux médecins de son époque. En effet, il ne fait pas de discours *ex-cathedra*, il prend le temps d'observer les malades et de les interroger, il tient compte des réponses pour orienter son examen, il repère également le cadre et le mode de vie de l'individu ; ainsi l'homme est saisi dans son unité. La santé et la maladie sont intégrées dans un système de phénomènes naturels, elles font partie de l'existence humaine et ne sont plus attribuées à une manifestation divine. Cette conception suppose une position éthique qui impose une grande rigueur morale au service du prochain. Hippocrate met en place des règles, un serment, un code de déontologie qui distingue la profession médicale : il s'interdit tout ce qui pourrait nuire au patient, aider en toutes circonstances l'action spontanément favorable de la nature.

Cette démarche qui a pour objet « le sujet reconnu dans son unité en interaction avec son environnement » est proche de celle du psychologue clinicien de nos jours.

Quelques siècles plus tard Galien (131-201 ap. J.-C.) propose une tout autre attitude, il introduit le principe selon lequel les contraires soignent les contraires, il est convaincu que la thérapeutique doit neutraliser en les combattant les principes de la maladie, il restaure la théorie humorale (cf. les médecins caricaturés par Molière) ; et cette conception, traitant de la maladie selon des dogmes sans tenir compte du malade, marque la médecine pendant des siècles. L'écoute et l'observation du malade et de la maladie qui spécifient la médecine hippocratique sont oubliées pendant de nombreux siècles.

Le retour à Hippocrate se fait avec la Renaissance et la réforme et se traduit par le refus du dogme ; Paracelse (1493-1541), médecin, philosophe et théologien suisse, est le premier à se révolter contre les dogmes imposés par la Faculté de Médecine. En France, Ambroise Paré (1509-1590) s'engage dans cette même voie : d'une part, il invente ses propres techniques chirurgicales contre l'avis des autorités médicales et d'autre part, il rédige toutes ses observations en français au lieu du grec ou du latin, il va ainsi à l'encontre des exigences de la faculté.

Ce mouvement de retour à Hippocrate s'accentue aux XVIe et XVIIe siècles. Syndenham (1624-1689), médecin anglais, revient à l'observation empirique et clinique en se méfiant des théories dogmatiques.

B – Pinel et la clinique de l'observation

Un pas essentiel est franchi en France avec Philippe Pinel (1745-1826). En tant que médecin des asiles, il revient à l'observation, en tant qu'idéologue, il considère que l'homme peut faire confiance à ses capacités de méthode et d'analyse. Il propose une observation directe et une analyse progressive en s'appuyant sur ce qu'il voit. Il constitue une clinique comme observation et analyse systématique des phénomènes perceptibles de la maladie : comportement, conduite. Le résultat en est une nouvelle classification psychiatrique à partir d'un certain nombre de cas présentant les mêmes manifestations. Sur le plan théorique, il est associationniste*, influencé par J. Locke et E.B. de Condillac et il applique cette théorie à la clinique en modifiant le traitement des malades et en élaborant de nouvelles méthodes thérapeutiques référées à une clinique au quotidien.

Son élève Jean Itard (1774-1838), connu pour sa prise en charge de Victor, l'enfant sauvage de l'Aveyron, est l'instigateur d'une *clinique de l'enfant* mêlant pédagogie et clinique. Itard invente des procédés, des instruments pédagogiques basés sur les perceptions-sensations (théorie associationniste). Ses rapports (1) sont des observations fines et sensibles de Victor qui apportent des innovations pédagogiques et introduisent la dimension clinique dans sa *capacité d'écoute* de l'enfant. J. Itard est considéré comme le premier éducateur de la surdi-mutité et le premier pédagogue de l'oligophrénie *.

Édouard Seguin (1812-1880), médecin et éducateur, s'inspire des méthodes d'Itard. Aux États-Unis où il est obligé de se réfugier pour des raisons politiques (désaccord avec Napoléon III), il a, entre autres élèves, Lightner Witmer, fondateur des *psychological clinics* qui reçoivent des enfants arriérés et déficients ; c'est à propos des méthodes d'évaluation proposées à ceux-ci que L. Witmer parlera de « méthode clinique en psychologie ».

À la suite de P. Pinel qui introduit une clinique de l'observation, une filiation médicale et pédagogique représentée par Jean Itard et Édouard Seguin se centre sur une clinique de l'enfant arriéré.

C – Jean Martin Charcot et la clinique du regard

Une autre racine de la clinique psychologique sera suscitée par Jean Martin Charcot (1825-1893). Elle est d'obédience essentiellement médicale et porte avant tout sur l'étude de l'hystérie et les recherches sur l'hypnotisme entreprises à partir de 1878 ; elle se développe autour d'une *clinique du regard.* Il forme les générations suivantes de psychologues pour la plupart médecins dont Pierre Janet (1859-1947).

D – Pierre Janet et la psychologie des conduites

Philosophe et médecin, il est considéré comme l'un des pères de la psychologie clinique française dont il veut faire une science des maladies mentales. Son système s'appuie sur trois règles fondamentales : l'examen du patient en relation duelle et sans témoin, la prise en notes minutieuse de chaque parole selon la méthode du « sténographe », l'exploration des antécédents du patient selon une enquête rigoureuse. Il tient essentiellement compte du comportement, c'est-à-dire de la symptomatologie visuelle. Il propose une *psychologie des conduites* et revendique la découverte d'une forme d'inconscient : la subconscience, état de sous-conscience que l'on repère dans les états seconds, dans les dédoublements de la personnalité. Ce faisant, il s'oppose à un autre élève viennois de J.M. Charcot qui n'est autre que Sigmund Freud.

E – Sigmund Freud et la clinique de l'écoute

Au-delà du pan-sexualisme qui lui est reproché par P. Janet, l'originalité de Sigmund Freud (1856-1939) est d'avoir fondé une clinique non plus centrée sur le regard mais sur *l'écoute*, référée non à la subconscience mais au *discours inconscient* avec analyse du transfert et élaboration du matériel fantasmatique et des formations de l'inconscient *. Cette démarche et sa théorisation donnent naissance à une nouvelle clinique appelée par S. Freud, *la psychanalyse*, qui se différencie de la psychologie classique.

Les psychologues cliniciens français se réclameront à la fois de ces deux mouvements : clinique de l'observation et des conduites proposée par P. Janet et clinique de l'écoute de S. Freud.

II

LA PROFESSION DE PSYCHOLOGUE EN FRANCE

A – Henri Pieron et la création de l'Institut de psychologie

En France, au XIXe siècle et au début du XXe siècle, la profession de psychologue n'a pas d'existence propre, prise en tenaille entre deux disciplines dominantes : la philosophie et la médecine. Elle sert de méthode ou de technique d'appoint à la disposition de ces professions hégémoniques.

La première pierre de la profession est posée le 3 novembre 1920 par Henri Pieron (1881-1962) ; il fonde l'Institut de psychologie, puis en 1928, l'Institut d'orientation professionnelle avec Henri Laugier. Le programme de l'Institut de psychologie porte d'abord sur l'application de la psychologie au travail. Il comprend une section technique d'applications générales, une section d'orientation et de sélection professionnelle, une section de pédagogie s'occupant de psychologie de l'enfant et de pédagogie expérimentale confiée à Henri Wallon (1879-1962). L'enseignement de psychologie pathologique est expérimental et il est confié à Georges Dumas (1866-1946). Un projet de formation d'ingénieurs psychotechniciens échoue.

Alors que Pierre Janet fait partie dès l'origine du conseil directeur de l'Institut en tant que professeur de psychologie expérimentale et comparée au Collège de France, la référence à la clinique n'est jamais mentionnée dans les procès-verbaux des réunions de direction de cet Institut (2).

Les psychologues formés dans ces Instituts ont le plus souvent obtenu un diplôme de psychologie appliqué au travail, parfois à la pédagogie et interviennent comme psychotechniciens ou psychométriciens dans les entreprises. Le secteur de la santé fera appel ultérieurement à leurs services et c'est le professeur Heuyer qui en donnera l'impulsion dans le domaine de la neuropsychiatrie infantile. Les psychologues ont alors pour tâche de faire passer des tests que seul le médecin est en mesure d'interpréter et ils n'ont pas vraiment de formation clinique. À cette époque, cette profession comprend à la fois les rééducateurs du langage (statut légal des orthophonistes en 1964) et ceux de la motricité (statut légal des psychorééducateurs en 1974). Ceux qui s'occupent globalement des enfants sont assimilés à des rééducateurs du comportement (futurs psychothérapeutes d'enfants).

B – Les pratiques avant-guerre

1. Le test Binet-Simon est le plus utilisé ; mis au point en 1907 par Alfred Binet (1857-1911) et le docteur Théodore Simon, cette échelle métrique de l'intelligence mesure pour la première fois les fonctions supérieures au lieu de se limiter aux mesures de seuil des perceptions et des sensations. D'abord appliquée à l'école, elle est ensuite étendue au domaine du travail, de l'armée et trouve des applications en pathologie mentale. Ainsi fait-elle partie des instruments d'évaluation utilisés systématiquement en clinique de l'enfant. Elle sert de modèle à de nombreux tests d'intelligence.

2. Les tests projectifs connaissent au début du XXe siècle une grande extension dans les pays de langue germanique et aux États-Unis avant d'être acceptés en France après la Seconde Guerre mondiale.

Le plus ancien, le test d'association de mots de C.G. Jung (1904) permet, d'après son auteur, de déceler les complexes * inconscients.

Le test de Rorschach donne un profil psychopathologique ainsi qu'une description de certains aspects du fonctionnement psychique. Le *Psychodiagnostik* paraît en 1921.

Le TAT (*Thematic Aperception Test*) de Murray, paraît en 1935. La démarche interprétative s'étaye sur l'identification au héros.

3. L'influence de la psychanalyse.

La cure psychanalytique assimilée à un traitement psychologique fait son entrée en France, en 1921, avec Eugénie Sokolnicka (1884-1934). Elle pratique la *Laïenanalyse* (analyse laïque) car la formation médicale n'est pas indispensable pour Freud (3). Il est intéressant de noter qu'acceptée par Georges Heuyer à l'hôpital Sainte-Anne avant l'arrivée du docteur Claude dont il assure l'intérim, E. Sokolnicka est renvoyée lorsque le titulaire prend possession de sa chaire, car elle n'est pas médecin ! Par contre, ultérieurement, lorsque Georges Heuyer devient chef du service de neuropsychiatrie infantile, il accueille Sophie Morgenstern, elle aussi « laïque », qui pratique la psychanalyse appliquée aux enfants ; elle ne supporte pas l'invasion nazie en France et se suicide en 1940 (4).

Ces méthodes et ces techniques intéressent les *conseillers d'orientation* qui, dans un premier temps, n'ont accès qu'aux instruments psychotechniques insuffisants dans la rencontre avec les usagers. Ils introduisent une clinique psychologique alliant expérimentation et attitude clinique dont le modèle sera repris et théorisé par Daniel Lagache.

C – Daniel Lagache et la création de la licence de psychologie (1948)

Après 1945, le paysage sanitaire et social demande à être recomposé, il s'agit de soigner des populations durement éprouvées par la guerre. Les médecins n'y suffisent pas, il faut donc faire appel à de nouveaux professionnels et susciter de nouveaux métiers pour répondre aux besoins de santé publique incluant la santé mentale.

Henri Pieron, directeur de l'Institut, crée un certificat de psychologie pathologique pour répondre à cette demande. Il confie la rédaction du programme définitif à Daniel Lagache (1903-1972), qui, en 1937, monte une licence de psychologie à Strasbourg. Dès 1947, il se voit confier par le ministère de l'Éducation nationale l'organisation d'une licence de psychologie sur le plan national.

1. La psychologie se détache de la philosophie.

Cette nouvelle licence ne mène pas à l'agrégation, elle a une visée professionnelle et privilégie les applications en psychologie. Ultérieurement, il sera exigé pour accéder à un emploi que cette licence soit accompagnée d'un diplôme de l'Institut de psychologie dont le programme fait apparaître pour la première fois, en 1948, les intitulés suivants : psychopathologie clinique, psychothérapie et psychanalyse en même temps que psychophysiologie pathologique et psychopathologie générale.

2. La psychologie se détache de la médecine.

Daniel Lagache tente de fonder une nouvelle science, « la personnologie », ayant pour but de réconcilier les principaux courants de la psychologie, en particulier le courant expérimental et le courant clinique (la psychanalyse a le statut « d'ultra clinique ») ; il vise ainsi une « unité de la psychologie » (5). Il recommande alors à ses élèves et aussi à certains de ses « analysés » de ne pas entreprendre d'études en médecine, considérant que les études en psychologie suffisent pour exercer la profession de psychologue et c'est ce dont témoignent par exemple aussi bien Didier Anzieu (6) qu'Anne-Marie Rocheblave-Spenle.

La licence de psychologie attire un nombre important d'étudiants aussi bien en Sorbonne qu'à l'Institut de psychologie. Le nombre de chaires en psychologie progresse dans toute la France, la reprise économique suscite de nouveaux besoins en psychologues. De nouveaux champs d'application s'ouvrent et nécessitent de nouvelles pratiques.

D – Les pratiques après-guerre

1. Les psychologues dans les établissements de l'enfance inadaptée.

Dès 1949, lors du Congrès de l'UNAR (Union nationale des associations régionales de parents d'enfants handicapés) présidé par le professeur Georges Heuyer (7) se pose la question de la réorganisation du secteur de l'enfance inadaptée et handicapée. Les psychologues sont d'abord sollicités en tant que « pourvoyeurs de norme » ; il s'agit de détecter les diverses déviances aussi bien intellectuelles qu'affectives et cette démarche s'inscrit dans la suite des travaux d'Alfred Binet. Le test Binet-Simon est une fois de plus le modèle type de l'expertise, l'instrument qui spécifie l'action des psychologues dans les établissements pour enfants où ils travaillent.

Selon la tradition médicale, il est convenu que si les psychologues pratiquent les tests, seuls les médecins ont la compétence de les interpréter alors qu'ils ne sont pas toujours formés à ces techniques. Ils laissent en fait le soin de l'interprétation aux psychologues qui se réapproprient l'instrument, symbole de la spécificité de leur compétence. Les instances administratives créent des heures d'attaché ou encore des vacations pour engager ces psychologues. Ainsi certains travaillent dans plusieurs établissements et leur compétence dans le domaine des tests est reconnue.

2. *Les psychologues et la psychanalyse.*

Il leur est parfois demandé, parce qu'ils sont en traitement psychanalytique, d'assurer des psychothérapies sous contrôle médical, les médecins formés, trop peu nombreux, ne pouvant y suffire. La question de l'*analyse laïque* revient à l'ordre du jour.

Dès 1948, le Centre Claude Bernard, créé par Juliette Favez-Boutonier et Georges Mauco, propose un modèle de fonctionnement institutionnel permettant aux psychologues de participer à part entière à l'ensemble des activités du centre. Didier Anzieu dans ses entretiens avec Gilbert Tarrab, *Une peau pour les pensées,* évoque ce temps où il testait les enfants, menait le premier entretien avec les parents, assistait à l'examen du médecin-psychiatre et aux réunions de synthèse ; il s'était aussi initié au psychodrame auprès de Mireille Monod et Évelyne Kestemberg. Ce centre proposait des *psychothérapies psychanalytiques* assurées par des non-médecins à condition qu'ils en aient la compétence.

Déjà en France, Marie Bonaparte, Eugénie Sokolnika et Sophie Morgenstern avaient ouvert et montré la voie. Néanmoins en 1951 un procès retentissant vient porter le problème de l'analyse laïque sur la place publique.

3. Le procès Williams-Clark.

Margaret Williams-Clark est poursuivie par l'Ordre des médecins pour exercice illégal de la médecine ; en effet, entre 1948-1950, elle a exercé le métier de psychanalyste d'enfants au Centre psychopédagogique Claude Bernard en exercice libéral et sans être médecin.

Dans les attendus du premier jugement, il est spécifié que les enfants ont été pris en traitement sur indication médicale, traitement appliqué « à bon escient et avec toutes les garanties de compétence »[(8)]. À l'époque, le nombre de médecins psychanalystes est notoirement insuffisant et les attendus du jugement soulignent que « le concours d'auxiliaires qualifiés exerçant sous contrôle médical effectif s'impose comme une nécessité » ; l'Ordre des médecins est alors débouté et « est condamné aux frais de son intervention ». Cet Ordre fait appel en 1953 et tente de démontrer que « la psychanalyse est essentiellement une technique médicale » ; aussi bien doit-elle s'inscrire dans une formation médicale avec spécialisation psychiatrique. Margaret Williams-Clark n'a pas gain de cause en appel et est condamnée pour exercice illégal de la médecine entre 1948-1950.

C'est à propos de ce procès qu'est posée, dans l'urgence, la question d'un *statut du psychologue* travaillant en collaboration avec le médecin.

E – La question du statut des psychologues

De plus en plus, l'enseignement et les activités des psychologues s'orientent vers l'application des méthodes de diagnostic psychologique, en particulier les tests mentaux. Si cet aspect « diagnostic » est revendiqué par le médecin comme pratique médicale, l'essentiel des débats porte sur la psychothérapie. Peut-on autoriser des non-médecins à l'exercer ? Si le contrôle médical s'avère possible en institution, comment pourrait-il l'être en pratique privée ? Qui l'exercerait ? Un médecin analysé ou un médecin n'ayant pas l'expérience de la psychanalyse et de la psychothérapie ?

Dans les discussions des différentes commissions qui se réunissent entre 1951 et 1953, les médecins se répartissent en deux groupes : les uns acceptent que les psychologues assurent des psychothérapies mais en qualité d'auxiliaires médicaux sous contrôle médical, et le psychologue est alors assimilé à un rééducateur du comportement et du psychique ayant une fonction éducative ; les autres considèrent que la psychothérapie est un acte médical et que tout acte médical effectué par un non-médecin relève de l'exercice illégal de la médecine. Dans le groupe de ceux qui acceptent ces auxiliaires médicaux, nous trouvons Georges Heuyer et aussi Jacques Lacan. Ce dernier considère que les psychiatres ne peuvent suffire à tous les besoins en matière de psychothérapie ; aussi bien pourquoi ne pas organiser cette profession qui répond à un besoin social ? Parmi ceux qui manifestent le plus de réticence, Eugène Minkowski s'élève contre la dénomination de « psychologue clinicien ». Pour lui, le diagnostic ne peut se faire qu'au cours du traitement psychothérapique, ce qui invalide les tests. Quant à Georges Daumezon, il propose de fondre la psychologie dans la médecine et, à son avis, la question sera résolue lorsque seuls les médecins seront psychologues !

1. Le psychologue auxiliaire médical ?

Les représentants des psychologues par la voix de René Zazzo, professeur de psychologie, font savoir qu'« il conviendrait de différencier les deux domaines d'activité du psychologue qui peut agir d'une part comme psychométricien, ou d'autre part, comme auxiliaire du médecin pour la psychothérapie et la rééducation ». La dénomination d'*auxiliaire médical* ne semble pas faire problème si la profession obtient rapidement un statut professionnel !

2. *Les propositions du professeur Heuyer.*

Les travaux des différentes commissions suscitées par le ministère de la Santé en la personne du docteur Aujaleu, directeur des Hôpitaux, aboutissent aux propositions suivantes dont le professeur G. Heuyer (9) se fait le porte-parole :

« 1) Il est nécessaire d'assurer au psychiatre des collaborateurs techniques l'aidant dans tous les domaines de sa profession et travaillant exclusivement sous son contrôle.

« 2) Les intéressés auront un diplôme de base, la licence de psychologie, dans laquelle sera intégré un certificat de psychopathologie et cette formation de base sera complétée par des stages techniques et pratiques qui pourront être différents suivant la spécialisation recherchée par le psychologue. » C'est ainsi que les psychiatres pensent obtenir l'allégeance et la docilité des psychologues puisqu'ils définissent le cadre et les modalités de leur formation.

Dans la même période, le docteur Aujaleu indique qu'une solution est recherchée à propos de la rémunération en tenant compte d'une part de l'échelle de traitement accordée aux professeurs certifiés et d'autre part d'un indice intermédiaire entre les échelles d'assistante sociale et celle de médecin (ces critères seront repris lors de l'élaboration de la première échelle indiciaire proposée par le décret du 3 décembre 1971). Une tarification des tests par la Sécurité sociale est également envisagée ; elle entre en vigueur en 1956, mais seuls les actes psychologiques commis par les médecins sont remboursés par la Sécurité sociale.

3. *La « désillusion ».*

En 1956, un numéro spécial du *Bulletin de Psychologie* (10) fait le point de la situation et constate que le statut n'est toujours pas paru, toute concertation entre responsables des psychologues et responsables des médecins étant devenue impossible. L'Ordre des médecins avec la condamnation de Margaret Williams-Clark a obtenu ce qu'il voulait : l'interdiction de tout acte psychothérapique par des non-médecins et ce domaine de la psychothérapie ne peut plus lui échapper. Pourquoi se hâter et ne pas surseoir au statut des psychologues auxiliaires médicaux puisque ces concurrents potentiels sont évincés !

III

ÉVOLUTION DES PRATIQUES

A – « Clinicien » envers et contre tout

Malgré l'interdiction faite par l'Ordre des médecins (1952) d'utiliser l'appellation de « clinicien », les psychologues la maintiennent. Leur champ d'intervention justifierait la dénomination « psychologue de la santé », au même titre qu'il existe le champ du « travail » en psychologie. Ils préfèrent cependant conserver « clinique » qui désigne *une fonction, une attitude, un mode d'être en relation avec l'usager*. Parce qu'ils ont acquis une formation psychanalytique et psychothérapique, certains continuent à exercer leur talent, en particulier auprès d'enfants, et n'hésitent pas à qualifier de pédagogique un acte relevant de la psychothérapie. Dans les centres et les services où se pratique un travail institutionnel, ils continuent à participer à la psychothérapie institutionnelle, bien qu'ils donnent parfois le sentiment de limiter la méthode clinique à l'observation ou de réduire le repérage diagnostique à la méthode des tests. Néanmoins ces contraintes vont les obliger à repenser leurs pratiques.

1. Influence de la psychanalyse.

Dans le contexte de l'époque, il ne faut pas négliger l'impact de la psychanalyse particulièrement secouée par le « le retour à Freud » de Jacques Lacan. La scission de 1963 au sein de la Société française de psychanalyse est proche, et les débats qui traversent les différents courants rejaillissent aussi bien sur les jeunes psychiatres en formation que sur les psychologues cliniciens amenés à prendre position : ils sont confrontés à des approches cliniques et théoriques contrastées. Ces influences diverses les poussent à faire évoluer leurs pratiques et à tenter de les théoriser.

2. Influence du « secteur psychiatrique ».

Le 15 mars 1960 est promulguée une circulaire instaurant le « secteur psychiatrique » ; il s'agit d'un programme d'organisation et d'équipement des départements en matière de maladie mentale : il permet l'ouverture de services libres et une augmentation notable du personnel soignant et paramédical dont les psychologues. L'accent est porté sur l'organisation de l'enseignement des élèves infirmiers. L'idéologie hygiéniste datant du Front populaire (1936-1938) est réaffirmée : soigner les patients au plus près de leur domicile.

Les dispensaires d'hygiène sociale font l'affaire : ils sont utilisés pour le dépistage des fléaux sociaux tels que la tuberculose et les maladies vénériennes. Avec le BCG, le Rimifon et l'utilisation à grande échelle des antibiotiques, ces maladies ont régressé. La découverte des neuroleptiques ouvre de nouvelles perspectives au traitement de la maladie mentale car, s'ils ont une action sur la violence, les hallucinations, le délire, ils ne traitent pas les aspects psychologiques et sociaux et les pouvoirs publics acceptent d'en tenir compte. De nouvelles structures telles qu'hôpitaux de jour, foyers de postcure, ateliers protégés, sont créées. La notion d'équipe est définie de façon plus précise : elle comprend un chef de service, un médecin assistant, une assistante sociale, des infirmiers et, pour la première fois, le psychologue est mentionné dans une circulaire ; il s'inscrit officiellement dans cette nouvelle politique comme agent de changement.

3. Un premier texte sur les psychologues du secteur « Santé ».

La circulaire du 7 août 1963 reconnaît que « [...] cette nouvelle catégorie de collaborateurs du corps médical s'est révélée nécessaire par l'évolution et l'emploi de *techniques nouvelles* en matière de psychiatrie ». Leur compétence est limitée au domaine de la psychiatrie et les psychothérapies sont toujours interdites. De quelles nouvelles techniques est-il question ici ?

Le psychologue est considéré comme « agent de sélection » et « pourvoyeur de normes » : il doit nécessairement mesurer l'intelligence et évaluer les capacités des sujets pour les orienter. L'accent est mis sur la mesure et non sur l'interprétation qualitative afférente pourtant à ce type d'épreuve. Et cette demande des pouvoirs publics amène le clinicien à se poser la question de l'intégration de la mesure dans le bilan psychologique, celui-ci comprenant non seulement un entretien préalable mais aussi une batterie de tests projectifs. Par sa formation aux techniques projectives et par leur utilisation sur son lieu d'intervention, le psychologue a véritablement accès à la clinique et, comme le souligne André Bolzinger(11), « accès à un matériel qui ne fait appel à rien d'autre qu'à l'organisation du discours, à sa cohérence, à ses achoppements... Ce qui est alors en jeu, c'est la sémiologie du discours, avec le repérage de sa signification ».

Le psychologue clinicien dans son activité spécifique observe, écoute et interprète à partir des tests projectifs en intégrant, s'il le faut, de la mesure ; c'est ainsi qu'il devient effectivement clinicien.

B – Les psychologues dans les institutions pour enfants

1. Le professeur Heuyer et les rééducateurs du comportement.

Le professeur Heuyer avait obtenu auprès du Conseil de l'Ordre des médecins (1952) que les rééducateurs des troubles du comportement chez l'enfant, exerçant dans les services publics, maintiennent leur activité. Il avait souligné « les graves conséquences que cette interdiction pouvait entraîner pour les psychologues exerçant à titre de rééducateurs du comportement dans les organismes déjà institués ou agréés par l'État, comme le Centre du Lycée Claude Bernard, le Centre Claparède et le Centre de Strasbourg ».

2. *Juliette Favez-Boutonier et la psychologie curative.*

Responsable avec Georges Mauco du Centre Claude Bernard, elle explique aux représentants du *Bulletin de psychologie* (1956) [12] que « les psychologues font de la rééducation psychologique. Ils ont des entretiens réguliers avec les enfants afin d'aider à leur réadaptation par diverses techniques relevant parfois de la psychanalyse, parfois de méthodes spéciales telles que l'orthophonie ou la psychomotricité ». Lorsqu'on lui demande si cette rééducation psychologique n'est pas plutôt une psychothérapie, Mme Favez répond qu'elle appellerait volontiers cela de la « psychologie curative ». Cette dénomination honorable permet au psychologue de se situer dans le champ du soin et de pouvoir poursuivre auprès d'enfants des traitements relevant de la psychothérapie.

« L'intervention du psychologue clinicien acquiert rapidement un profil professionnel spécifique. Il ne vient pas instruire à la manière du pédagogue, il ne cherche pas à guérir à la façon du médecin. Ce qu'il met en jeu, c'est un travail de maturation psychologique et d'évaluation personnelle » [13].

L'idée de rééducation du comportement telle que l'a voulue le professeur Heuyer a évolué vers de véritables traitements psychologiques.

C – Les psychologues dans les institutions pour adultes

Les psychologues, en grande majorité vacataires, développent une clinique qui s'étaie sur le bilan et, en particulier, la pratique des tests projectifs à défaut de psychothérapie. Par ailleurs dans un petit nombre de services, ils s'initient à une méthode datant de la dernière guerre : la psychothérapie institutionnelle.

1. *L'initiation à la psychothérapie institutionnelle.*

Elle a été inventée par le psychiatre catalan François Tosquelles à l'hôpital de Saint-Alban où il a obtenu un poste en 1940, après sa fuite devant le franquisme. Les lieux de rencontre et de parole y sont nombreux et concernent aussi bien les soignants que les patients. Les clubs, lieux d'activité de création et d'échange répondent à la vie communautaire. La parole doit circuler ! L'idéologie institutionnelle privilégie les contacts et favorise les échanges qui provoquent un va-et-vient permanent entre l'intérieur de l'hôpital et le monde extérieur. Une véritable politique de secteur vient d'être inventée à laquelle G. Daumezon donne le nom de « psychothérapie institutionnelle ». Cette expérience sert de modèle à Jean Oury lorsqu'il fonde la clinique de Laborde à Court-Cheverny, en 1953. D'autres psychiatres tels que L. Bonnafe, G. Daumezon, Y. Racine, H. Chégniaud en reprennent l'esprit lorsqu'ils mettent en place le secteur psychiatrique après 1960.

2. L'initiation aux techniques de groupe.

Didier Anzieu [(14)] rappelle que, dès 1948 au Centre psychopédagogique Claude Bernard, il avait participé aux réunions de synthèse et s'était initié aux techniques de groupe qui relèvent de la psychologie sociale, en particulier au psychodrame de J.L. Moreno introduit en France par Mireille Monod qui en avait elle-même acquis la technique aux États-Unis. Venaient également des États-Unis à cette époque les travaux expérimentaux de Kurt Lewin portant sur la théorie du « champ » et les groupes restreints, et qui proposaient une analyse du comportement en fonction d'un « climat » induit de type autoritaire, démocratique, laisser-faire, etc. Tous ces travaux ont abouti à la *dynamique des groupes*.

De nos jours, les pratiques des psychologues cliniciens situées dans le champ social sont influencées par ces diverses approches et théories référées à la psychologie sociale, à la psychothérapie institutionnelle, à la psychanalyse, auxquelles viennent s'ajouter l'analyse transactionnelle * et l'approche systémique * (p. 56). On conçoit que le modèle de la prise en charge en cabinet n'est pas transposable aux situations rencontrées sur le terrain.

3. Élaboration de la pratique institutionnelle à partir d'une expérience de terrain.

Certains psychologues ont rencontré de façon fortuite la dimension sociale et institutionnelle. Colette Duflot, par exemple, raconte dans sa *Petite chronique provinciale des hôpitaux psychiatriques* (15) que, pour elle, la grande découverte de cette époque a été de s'apercevoir que sa présence aux déjeuners avec la directrice, ses soirées passées à boire le café avec les éducateurs, avaient plus d'importance que les séances de « tests » pour lesquelles elle était payée. Le fait d'offrir « une écoute suffisamment neutre à des discours différents, non congruents, voire contradictoires, permettait sans trop le savoir à l'époque, leur circulation, facilitant l'explicitation des conflits et leur dialectisation ». Colette Duflot résume dans cet exemple vécu ce qu'est le contenu du travail institutionnel qui va s'imposer dès les années 1960. Plus loin, elle souligne qu'après 1968, c'est la vie institutionnelle qui prend le devant de la scène : « Relégués les tests : dans nos hôpitaux comme ailleurs, nous revendiquions l'élargissement de nos fonctions, le droit à la psychothérapie qui ne nous était accordé que parcimonieusement, sous couverture médicale. Nous faisions de l'analyse institutionnelle, organisions la communication et la réflexion à l'intérieur de nos institutions » que ce soit « sous forme de stages de sensibilisation à la dynamique de groupe pour le personnel infirmier, en y intéressant médecins et administratifs », ou sous forme de rencontres avec les hôpitaux psychiatriques voisins.

Dans un tel contexte l'intervention du psychologue revêt une *fonction* « catalysatrice » ; le psychologue prend la mesure des instruments thérapeutiques que représentent la pratique des groupes et l'analyse institutionnelle, à l'articulation de l'individu et du social.

D – Mai 1968 : la contestation de la pratique des tests

Surtout après les événements de mai 1968, les psychologues cliniciens remettent en question les instruments et les méthodes de leur spécialité, en particulier les tests qui sont désignés comme instruments de répression sociale, véhicules de l'idéologie dominante. Ils contribuent à la norme dans un souci de scientificité, ils « étiquettent » les individus et répondent essentiellement à des critères expérimentaux. Ils ne tiennent pas compte du « désir » du patient et font obstacle à un échange relationnel et thérapeutique. Les psychologues cliniciens, qui ont fait de l'examen psychologique la pierre angulaire de leur pratique, sont alors ébranlés par ces critiques portant sur le caractère répressif et oppressif de la mise en œuvre des normes sociales. Certains délaissent les tests par souci de préserver les usagers car la façon dont les résultats peuvent être retransmis par un tiers n'apporte pas toujours les garanties souhaitables. Et ce rejet suscite souvent de l'incompréhension chez les employeurs car il s'agit le plus souvent d'une prise de position passionnelle plutôt que d'une véritable réflexion épistémologique permettant de poser les questions éthiques qui s'imposent.

IV

VERS UNE LÉGISLATION MENANT À UN STATUT PROFESSIONNEL

A – Le projet Anzieu

Février 1969... Didier Anzieu, professeur d'université, François Marchand et Mlle Sergentet, secrétaires généraux du SNPPD (Syndicat national des psychologues praticiens diplômés) (16), sont mandatés par le ministre de l'Éducation nationale Edgar Faure pour faire des propositions sur l'organisation des études et des métiers de psychologue. Ce projet prévoit en détail les conditions de formation et d'exercice du psychologue dans les diverses orientations, avec les problèmes particuliers de chacune d'elles, y compris la question de la psychothérapie.

Le psychologue, défini comme un spécialiste des sciences humaines, est censé appliquer « les principes et les méthodes de la psychologie scientifique à la prévention, l'orientation, l'animation, l'expertise, la formation et – sous réserve des dispositions du Code de la santé – *au traitement* ». Le qualificatif de « clinicien » se rapporte donc à tous ces domaines.

En ce qui concerne les relations avec les autorités médicales, le psychologue reste assujetti au médecin qui est seul responsable du diagnostic, de l'indication et du traitement médical ; néanmoins il est reconnu seul juge du choix de ses techniques, ce qui l'inscrit dans *un statut paramédical*. Il peut être habilité à pratiquer des psychothérapies s'il a reçu par ailleurs une formation psychanalytique (expérience personnelle de la psychanalyse et formation théorique et pratique aux psychothérapies) attestée par une Société de psychanalyse respectant les standards internationaux dans ce domaine. De même *en libéral*, il doit obtenir l'avis favorable d'une Commission composée par le psychiatre responsable du secteur, par le directeur départemental de l'action sanitaire et sociale, et par le médecin conseil de la caisse départementale de Sécurité sociale. Ce projet de statut n'aboutit pas.

Alors que des changements de mentalité et des évolutions fondamentales ont marqué la société française depuis 1968, ces propositions vont encore trop loin pour l'Ordre des médecins et provoquent par ailleurs une levée de boucliers chez les psychologues. Cependant l'Ordre des médecins est de plus en plus contesté par les médecins eux-mêmes. La psychothérapie par les non-médecins est finalement tolérée et même acceptée lorsqu'ils ont acquis la formation nécessaire.

En faisant référence aux sociétés de psychanalyse respectant les critères internationaux, ce projet écarte l'École freudienne de Paris, fondée par Jacques Lacan en 1967, et non affiliée à l'IPA (*International Psychoanalytic Association*). Or beaucoup de psychanalystes laïques et de psychologues cliniciens s'y inscrivent. Les conflits de pratiques dans lesquels les psychologues cliniciens continuent à être pris se déplacent du côté des sociétés de psychanalyse d'autant, comme le souligne Claude Prévost (17), que le lacanisme essaie de disjoindre la psychanalyse de la psychologie. Il contribuerait ainsi à « l'émiettement de la psychologie ».

Par ailleurs, la réforme des études médicales qui a pour conséquence la séparation de la neurologie et de la psychiatrie, cette dernière se divisant ensuite en plusieurs courants psychopathologiques (organiciste, organodynamique, phénoménologique, psychanalytique), pose la question de la place faite à la psychologie pathologique.

Dans ce contexte d'éclatement et de redistribution des disciplines, la *psychologie sociale* n'échappe pas au mouvement et se sépare en un pôle clinique et un autre pôle sociologique qui prend pour modèle la sociologie des organisations. Néanmoins ces deux orientations se retrouvent dans la pratique institutionnelle.

B – Le décret du 3 décembre 1971

Décret Robert Boulin relatif au recrutement et à l'avancement des psychologues des établissements d'hospitalisation, de soins ou de cure publics

De nombreux psychologues sont embauchés pour permettre l'application de la circulaire sur le secteur. Il leur faut un cadre réglementaire : le décret n° 71-988 du 3 décembre 1971 est fixé en dehors de la participation des acteurs, psychiatres et psychologues. Ce décret faisant fonction de statut des psychologues de la Santé est d'abord appliqué de façon autoritaire par certains directeurs d'hôpitaux. Il est combattu et même refusé par un certain nombre de professionnels qui pensent que ce texte risque de porter atteinte à leur autonomie de travail, puis il est peu à peu accepté et même réclamé, car il apporte la sécurité de l'emploi malgré une échelle indiciaire considérée comme insuffisante

Le législateur s'est montré d'une grande sagesse en ne référant pas la pratique du psychologue à une autre profession et en ne précisant pas le contenu de cette pratique.

En effet l'article 2 stipule : « Les psychologues exercent leurs fonctions au sein d'une ou de plusieurs équipes médico-sociales en appliquant les méthodes de leur spécialité aux activités se rapportant à la Santé. » Cette définition vise à donner une existence légale et à dessiner un espace professionnel. Elle est proposée en dehors de toute pression et permet les évolutions ultérieures. La confrontation au décret Boulin oblige les psychologues à prendre conscience des nécessités administratives et légales. Les groupements et associations se multiplient. Si les psychologues continuent à se poser la question de leur identité, l'engagement dans les institutions leur fait connaître les limites de leurs droits et de leurs devoirs, et les contingences matérielles auxquelles ils se trouvent confrontés les font sortir du cadre restreint de la « réalité psychique » * dans lequel ils s'étaient volontiers enfermés.

C – La psychanalyse : enseignement ou transmission ?

La psychanalyse à l'université.

La psychanalyse est enseignée à l'Université, et son enseignement donne à certains le sentiment qu'il permet de faire l'économie de la cure. La distinction entre enseignement et transmission n'est pas comprise. Les psychologues qui se contentent d'un vernis psychanalytique suscitent chez leurs employeurs de l'incompréhension et parfois même des réactions de rejet lorsqu'ils se présentent comme les détenteurs d'un savoir absolu en exerçant un « terrorisme de l'interprétation » sans réplique.

La création après 1968 du Champ freudien, enseignement de psychanalyse proposé par les élèves de Lacan à Paris VIII-Vincennes, a pour visée la diffusion de la pensée lacanienne. Il n'est pas question de former des psychologues. Le Département de psychanalyse, inclus dans l'UER de philosophie, reste séparé du Département de psychologie où l'orientation donnée par Jean-François Le Ny est cognitiviste. Ce n'est pas le cas de l'Unité d'enseignement et de recherche « Sciences Humaines cliniques » de Paris VII qui, elle, répond à l'objectif de former des psychologues cliniciens et des psychosociologues cliniciens ; elle propose un enseignement de psychanalyse auquel participe Juliette Favez-Boutonier qui, dès 1967, crée un certificat de psychologie clinique dont elle assure la direction au Centre Censier. Jean Laplanche, Jacques Gagey, Pierre Fedida la rejoignent pour enseigner à leur tour la psychanalyse à l'université.

Cette période qui succède à 1968 est marquée par les rivalités entre groupes de psychanalystes. Les universités se chargent de la diffusion de la psychanalyse et la discipline psychologique éclate en sous-disciplines.

L'Ordre des médecins a perdu de sa crédibilité depuis les soubresauts de Mai 68. L'application de la politique de secteur provoque un remodelage du paysage psychiatrique qui se traduit par une nouvelle répartition des tâches. La naissance et l'application de nouvelles théorie, telles que l'antipsychiatrie *, suscitent un foisonnement désordonné de pratiques dont les excès se traduisent par des psychothérapies plus ou moins « sauvages », sans l'exigence éthique d'une formation personnelle suffisante incluant un contrôle, complétée par la participation à des séminaires théoriques et cliniques. Des installations intempestives en libéral restent sans lendemain et discréditent la profession. L'enseignement de la psychologie clinique maintient, par son ambiguïté, la fiction que l'enseignement clinique dispensé mène à la pratique de la psychothérapie.

D – Françoise Dolto dénonce les excès et propose différents modes d'intervention

Lors des Journées de l'ANREP (Association nationale de recherche et d'études en psychologie) Françoise Dolto (18) scandalise le public de psychologues pour la plupart cliniciens.

1. Elle met l'accent sur l'importance de l'outil « test ».

À partir de ce support, le psychologue peut aider l'enfant à entrevoir ses capacités utilisables et ses blocages à dépasser. Elle assigne au psychologue le rôle de préparer l'enfant à une thérapie de soutien, les tests permettant de faire émerger les affects. Cet examen devient aussi une occasion de rencontre et de dialogue avec les parents.

2. Elle définit le rapport du psychologue à la psychanalyse.

Il ne suffit pas d'être psychanalysé pour devenir psychanalyste. Ainsi par exemple, des possibilités de psychanalyse véritable pourraient se trouver gâchées relativement à des enfants « qu'on aurait violés peu à peu, comme ça, sans savoir ». Il faut éviter de bouleverser un enfant et sa famille en proposant d'emblée une psychothérapie : ce type de traitement se prépare et le psychologue peut y contribuer en provoquant un travail de réflexion. Il doit aussi être en mesure d'orienter un enfant vers une rééducation lorsque cela lui semble pertinent, la psychothérapie n'étant pas toujours une panacée universelle.

3. Elle essaie de montrer la place et la position spécifique de chaque intervenant.

Les assistantes sociales par exemple interviennent au niveau de la réalité et doivent « aider les gens à faire face à la société » ; elles n'ont pas à prendre en compte un matériel psychique qui se situe hors de leur champ d'action.

4. Rapport du psychologue au pouvoir institutionnel et spécificité de son intervention.

Commentant le thème de ces journées : « Les psychologues entre la tentation analytique et la prise de pouvoir institutionnelle », F. Dolto pense encore que le psychologue peut assumer des positions de pouvoir dans les institutions à la différence du psychanalyste.

Le psychanalyste assume une position spécifique et ne peut que s'appuyer sur « les dires et non les agir, les fantasmes * et non les actes » ; il n'a pas à prendre de décisions dans la réalité, il ne fait rien si ce n'est interpréter à bon escient. Par ses questions ou son silence, il convoque l'autre au lieu de sa vérité. Cette position ne paraît pas tenable en institution, lieu des transferts * et des projections du groupe pour lequel il deviendrait vite un bouc-émissaire. Le psychologue, lui, se confronte à la réalité institutionnelle dans laquelle il se meut et assume un pouvoir dès qu'il doit prendre des décisions, donner des conseils, participer au projet institutionnel. Il se réfère à des modèles incluant la rencontre avec le social, le médical, l'éducatif, le psychique, articulant différents niveaux d'intervention dans un système institutionnel qui s'offre comme un « montage juridique, administratif et technique »[19]. Le psychologue établit des liens en suscitant des réunions avec les différents partenaires ; son écoute peut aider à différencier et à reconnaître la spécificité et la complémentarité des interventions. Sa démarche, même si elle est compréhensive, ne doit pas céder sur l'essentiel : se poser la question du sens du travail en dehors de tout assujettissement à l'autorité. Il doit avoir avant tout pour objectif le parti pris, le désir de ne pas nuire à l'usager. C'est ainsi que se construit *une position clinique et éthique* qui reconnaît l'autre dans le respect de sa singularité.

V
LES PRATIQUES ACTUELLES

Quels que soient les lieux d'intervention des psychologues cliniciens, les pratiques s'organisent la plupart du temps selon les modalités suivantes :

A – Accueil et diagnostic

1. L'accueil.

Il suppose une présence disponible qui introduit un espace de parole où chacun peut apporter sa question. Cette disponibilité se manifeste aussi bien dans la salle d'attente d'une PMI (Protection maternelle et infantile) que dans le couloir d'un hôpital. L'accueil prend un sens plus spécifique lorsque le psychologue participe à une consultation d'accueil et d'orientation ; il est fait appel à son sens clinique pour analyser la demande des usagers et poser une indication qui permet de différencier les différentes modalités de prise en charge.

2. Le diagnostic.

Lorsque les premiers entretiens posent un problème de diagnostic différentiel *, le psychologue, en plus de son écoute spécifique, dispose aussi de tests qui lui donnent les moyens de poser un diagnostic différentiel de structure * (névrose, psychose, perversion), de repérer une atteinte organique, de situer les nœuds conflictuels, les défaillances et aussi les ressources potentielles du sujet.

Cette contribution au diagnostic peut susciter une discussion avec le médecin ou l'équipe soignante, ce qui renouvelle l'intérêt porté au patient.

B – La pratique institutionnelle en secteur psychiatrique

En juin 1987, Marie-Claude George et moi-même avons participé dans le cadre du CHS de Maison-Blanche à un travail d'évaluation portant sur « les pratiques et modes d'intervention des psychologues de secteur psychiatrique » [20], dont je reprends ici certains éléments.

1. L'animation et la coordination institutionnelle avec les soignants.

Elles supposent un travail d'élaboration psychique* dans l'institution : intervenir auprès des différents membres de l'équipe de secteur pour amener une réflexion porteuse d'évolution dans le travail, ce qui n'est pas réalisable si l'information ne circule pas ; proposer des synthèses entre les intervenants d'une même prise en charge afin d'éviter son morcellement. La tenue des dossiers ne peut se substituer aux échanges verbaux. Des travailleurs sociaux, médecins, etc., sont associés à des réunions de réflexion et de réévaluation lorsque les prises en charge présentent des difficultés, perturbent le travail commun. Cette coordination est indispensable pour maintenir la cohérence des interventions.

Dans le cadre du secteur psychiatrique, le psychologue a aussi pour mission de participer au projet de service ; il peut alors intervenir dans la cité, analyser les besoins du secteur, élaborer des projets d'activité avec d'autres structures et participer à la création de structures nouvelles dont voici un exemple. Une « Commission enfance » s'est créée dans l'arrondissement qui prend en compte les situations d'enfants signalés, parfois maltraités, et dont les familles sont en position difficile. Y participent les assistantes sociales familiales, l'assistante sociale scolaire, le pédopsychiatre de l'intersecteur, un représentant du secteur psychiatrique – adultes, concerné lorsque les parents sont suivis ou auraient besoin de l'être, parfois le juge des enfants ainsi qu'un représentant du service de l'Enfance mandaté par le juge. Ces réunions permettent un réel travail de réflexion et d'information mutuelles évitant ainsi les interventions dissociées, incohérentes, qui pourraient se traduire par des placements ou des hospitalisations dans l'urgence.

Mieux percevoir les difficultés psychologiques des personnes signalées par différents services (PMI, maison de retraite, bureau d'aide sociale, services judiciaires, commissariat de police entre autres), c'est éviter les passages à l'acte de la part des intervenants. Parler des difficultés matérielles, sociales, psychologiques de ces personnes avant que la crise n'éclate, c'est faire un véritable travail de prévention.

2. *Animation et coordination institutionnelle avec les soignés, exemple de psychothérapie institutionnelle.*

Le psychologue participe parfois à l'animation d'ateliers d'expression qui font intervenir des techniques médiatrices d'une parole telles que dessin, modelage, écriture, théâtre, visite d'expositions, etc. Ces techniques qui s'appuient sur le « lien social » sont un moyen de lutte contre la chronicisation.

Autre pratique institutionnelle et pluridisciplinaire, celle que nous appelons avec Marie-Claude George « prises en charge de pathologies lourdes » en institution psychiatrique. Depuis de nombreuses années, nous procédons de la façon suivante : nous nous réunissons toutes les semaines avec les référents infirmiers, parfois le médecin et l'assistante sociale, afin d'évaluer les relations établies avec des patients régressés qui présentent des problèmes de violence et sont souvent rangés parmi les psychotiques. Les soins quotidiens, la façon dont se déroule la toilette, les repas, la participation aux activités du service, notre propre implication, sont les matériaux sur lesquels nous réfléchissons. Chacun, de sa place et dans sa spécificité, dit ce qu'il ressent, attrait ou répulsion, amour ou haine. Chacun parle de ces passions qui témoignent du *transfert* *institutionnel**. L'analyse des contre-attitudes par rapport au patient aide à repérer ce que le patient induit chez les soignants, les conflits qu'il rejoue avec eux comme s'il s'agissait de la scène familiale.

Dans ce contexte, le psychologue s'appuie sur le cadre institutionnel qu'il pourra utiliser comme un « contenant », lieu de repères par rapport auxquels s'organise et s'exprime la conduite des patients. C'est aussi son propre rapport à la loi symbolique*, référée à la triangulation œdipienne, qu'il met en jeu et qu'on retrouve dans le respect des règles du groupe. Cette référence à la loi évite ainsi les relations duelles « adhésives » empêchant toute évolution. Lorsque tel soignant se trouve interpellé, le fait qu'il ne puisse répondre directement sans prendre l'avis du groupe introduit un espace tiers, évitant ainsi une réponse arbitraire selon le moment et le caprice qui provoquerait des réactions de violence et des passages à l'acte. Le détour par le groupe oblige à une réponse mûrement réfléchie, elle introduit le « principe de réalité » * avec un rapport à la loi qui confronte chaque interlocuteur à son propre « manque », support d'un espace d'élaboration psychique*. Ces pratiques institutionnelles référées au champ psychiatrique s'appliquent tout aussi bien à l'enfant qu'à l'adulte.

C – Les psychothérapies

La psychothérapie est un traitement psychologique. Pour Freud, l'acte psychothérapique a pour but assigné « la guérison pratique du malade, la récupération de ses facultés d'agir et de jouir de l'existence » [21], le dévoilement de la signification du symptôme permettant une libération libidinale.

Nous reprendrons la définition qu'en donne Françoise Dolto dans la préface du livre de A. Muel, *L'éveil de l'esprit chez l'enfant inadapté* [22] : « La psychothérapie, ce n'est pas laisser advenir tout ce qui vient, comportement, paroles, dessins, modelages dans un transfert faussé parce que non maîtrisé du fait de l'incompétence, du manque de formation des psychothérapeutes. Cette technique provoque un remaniement des structures* archaïques, l'enfant revivant son histoire dans le transfert. Le psychothérapeute doit alors être en mesure de " mettre en mots " au bon moment les conflits pulsionnels de l'enfant revécus dans l'angoisse. » Pour F. Dolto, cela met en jeu « les castrations liées aux différents stades de l'évolution de l'image du corps et qui ont une fonction humanisante relativement à la conscience, l'intelligence ou l'affectivité humaines ».

Le désir de s'approprier le pouvoir supposé du psychothérapeute fait perdre de vue le sens de la psychothérapie. La psychothérapie psychanalytique questionne le rapport du sujet à la castration qui introduit au manque fondamental sans lequel il ne peut y avoir d'accès au désir. Elle a pour but la reconnaissance de la « jouissance fourrée »* (jouissance inconsciente) et le renoncement aux « bénéfices secondaires »* qu'apporte le symptôme.

Parmi les produits qu'on propose au « supermarché » des psychothérapies – il en existe de qualités diverses –, un certain nombre privilégie l'idée de complétude ; ce n'est rien d'autre alors que le marché moderne de l'illusion, rassemblant aussi bien la lecture de la clé des rêves que des pratiques proches de l'astrologie et de la magie. En promettant le « bonheur », elles sollicitent le registre imaginaire* dans la soumission à un Autre* absolu qui aliène le sujet à son désir dans la méconnaissance du sens porté par le symptôme.

Un article du *Nouvel Observateur* n° 1431, du 9 au 15 avril 1992, intitulé « Les nouveaux "PSY" », propose *Douze méthodes pour vivre mieux* des plus sérieuses aux plus farfelues. Compte tenu des limites de ce chapitre, nous privilégions celles auxquelles on porte actuellement le plus d'intérêt : les thérapies familiales psychanalytiques et systémiques, les thérapies comportementales et cognitives, la relaxation. Nous nous contentons de citer pour mémoire le *rebirth*, le cri primal, la *Gestalt*-thérapie, la bioénergie, l'analyse transactionnelle, les thérapies stratégiques, l'hypnose ericksonnienne, la programmation neurolinguistique, la technique de visualisation ainsi que la technique non directive de C. Rogers introduite en France par Max Pages.

1. Les thérapies familiales.

Elles partent de l'hypothèse que lorsqu'un membre d'une famille va mal, c'est l'ensemble de la famille qu'il faut soigner. Trois courants prennent en charge la problématique familiale : le courant psychanalytique pour qui le sujet désigné témoigne du problème dans la structure familiale et fait fonction de symptôme à décoder ; il n'est pas forcément le plus malade. L'analyse de la dynamique familiale et la place de chacun dans la structuration œdipienne indiquent la circulation du désir à travers chacun des membres du clan. Et c'est souvent l'enfant qui fait figure de symptôme et qui relève des avatars du désir des parents ; ce n'est pas nécessairement lui qui a besoin d'un traitement.

Le courant actuellement le plus suivi est le courant systémiste, issu de l'école de Palo Alto [(23)]. Un rituel strict est imposé : le « sujet désigné » et ses proches discutent dans une pièce avec un ou deux thérapeutes, soit sous l'œil d'une caméra vidéo, soit derrière une glace sans tain où d'autres thérapeutes analysent la séance. La famille est bien entendu au courant de cet appareillage. Il s'agit de mettre en lumière les perturbations d'une communication défectueuse et, en particulier, les messages à double sens, support de messages contradictoires qui induisent ce que cette école appelle le « double lien ». Son but vise à rétablir le dialogue dans la famille et à aider celle-ci à prendre conscience de ses règles implicites, de ses tabous, de sa propre mythologie dont les grands-parents sont le plus souvent les héros. La nouvelle organisation familiale ainsi réélaborée contribue à réduire ou même à faire disparaître les symptômes rendus dorénavant inutiles.

2. Les thérapies comportementales et cognitives.

Elles s'étayent sur la théorie de l'apprentissage et visent à déconditionner un mauvais apprentissage. Dans le contexte de la thérapie familiale, il s'agit d'aider la famille à identifier les scénarios qui provoquent son déséquilibre, de trouver l'origine de la distorsion afin d'y substituer un comportement adapté. La technique s'applique à redresser les conséquences d'un « mauvais » apprentissage. On utilise en particulier ces méthodes de conditionnement dans le cas des phobies, des problèmes sexuels et du tabagisme.

3. La relaxation.

Elle s'introduit au sein de pratiques thérapeutiques très différentes. L'une se fonde sur le training-autogène de Schultz conçu en 1910 : dans une pièce calme, le thérapeute, par sa parole suggestive, induit une concentration sur certaines parties du corps et le sujet doit y associer des sensations, des images, des représentations. Ces « verbalisations » contribuent à dénouer les points de conflit psychosomatiques. Quant à la relaxation psychanalytique, elle a été proposée par l'École psychanalytique de Paris autour de Marty, de Fain et de M'uzan à des patients présentant des troubles psychosomatiques qu'ils ne pouvaient exprimer et pour lesquels ils n'avaient pas de représentation. Il faut encore mentionner l'école de M. Sapir que ce dernier a fondée à l'hôpital Rothschild et qui concerne un éventail plus large de patients.

4. Parmi les techniques de groupe, nous citerons ***le psychodrame*** proposé par J.L. Moreno à partir de 1921 à Vienne. Il consiste à faire jouer des scènes conflictuelles par les participants et ces scènes ainsi revécues ont pour effet de provoquer une libération des affects (*catharsis*). Anne Ancelin-Schutzenberger et Didier Anzieu[(24)] ont suivi cette pratique en élaborant leur propre version originale ; de même, E. et P. Lemoine en ont proposé une version psychanalytique plus précisément lacanienne. Quant à la technique du jeu de rôle, elle s'apparente à l'expression scénique et parfois au psychodrame.

VI

LES TEXTES DE LOI SUIVENT LES PRATIQUES

Entre 1971 et 1985 ne paraissent que des circulaires mineures. Depuis longtemps, les psychologues demandent aux différents gouvernements et au législateur une loi pour garantir le titre de psychologue.

A – La loi sur le titre est promulguée le 25 juillet 1985

Sont autorisés à porter le titre de psychologue, les détenteurs du DESS (Diplôme d'études supérieures spécialisées), diplôme de 3e cycle, ou d'un diplôme obtenu antérieurement et reconnu équivalent. Le DEA (Diplôme d'études approfondies), qui mène au Doctorat, lorsqu'il s'accompagne d'un stage professionnel, autorise l'usage du titre de psychologue uniquement dans le secteur semi-public ou privé ; il ne peut donner accès ni à la fonction publique hospitalière, ni à la fonction publique territoriale pour lesquelles l'obtention d'un des DESS mentionnés dans l'arrêté du 26 août 1990 est exigé : psychologie clinique, psychologie pathologique, psychologie de l'enfance et de l'adolescence, psychologie pathologique ou psychologie appliquée à la formation de formateurs d'adultes et d'enfants. C'est donc la spécificité du diplôme et non le titre qui permet l'embauche des psychologues.

B – Les statuts particuliers des psychologues

Le statut particulier des psychologues de la fonction publique hospitalière Titre IV (décret du 31 janvier 1991, abrogeant le décret du 3 décembre 1971) et celui de la fonction publique territoriale Titre III (28 août 1992), le statut de la fonction publique État, Titre II non encore promulgué en avril 1995, concernent en particulier les psychologues de la Protection judiciaire de la jeunesse qui se réfèrent à la circulaire n° 46 du 31 mars 1986, l'armée, la DASS État, la COTOREP (ministère du Travail), la CDES (Éducation nationale). Ces textes leur reconnaissent l'appartenance à un corps classé en *catégorie A de la fonction publique* (fonctionnaire avec décision et responsabilité). Les deux textes parus présentent des données communes, on y remarque certaines adaptations liées aux statuts particuliers.

1. Si l'on reprend le statut particulier de *la fonction publique hospitalière (31 janvier 1991)*, dans l'article 2 des dispositions générales, les pratiques des psychologues sont définies de la façon suivante : « Ils exercent les fonctions, conçoivent les méthodes et mettent en œuvre les moyens techniques correspondant à la qualification de la formation qu'ils ont reçue. À ce titre, ils étudient et traitent, au travers d'une démarche professionnelle propre, les rapports réciproques entre la vie psychique et les comportements individuels et collectifs afin de promouvoir l'autonomie de la personnalité.

« Ils contribuent à la détermination, à l'indication et à la réalisation d'actions préventives et curatives assurées par les établissements et collaborent à leurs projets thérapeutiques ou éducatifs tant sur le plan individuel qu'institutionnel. »

2. Dans les dispositions générales concernant la fonction publique territoriale (28 août 1992) la modification apportée à l'article 2 est la suivante : « Ils collaborent aux projets psycho-socio-éducatifs, tant sur le plan individuel ou familial qu'institutionnel, dans le cadre de l'aide sociale, de la protection maternelle et infantile et dans tout le domaine à caractère social. » Le type d'établissement dans lequel ils peuvent entreprendre des actions de formation ne se trouve pas précisé.

Ces textes, avec leurs variantes, correspondent à la circulaire d'application du 24 mai 1985 relative à l'application du décret du 3 décembre 1971 et cette circulaire résulte pour la première fois d'une *négociation* entre les représentants de la direction des hôpitaux et les représentants des organisations de psychologues (le texte de la circulaire d'application du décret du 31 janvier 1991 paru le 23 juin 1992 reste très proche de la circulaire du 24 mai 1985).

Dans la section III correspondant à la répartition du travail hebdomadaire, il est précisé que le psychologue collabore au projet thérapeutique ou pédagogique du département ou du service ; il participe donc à part entière aux projets de service qui supposent parfois la création de nouvelles structures. Il exerce une fonction clinique qui s'adresse aux personnes et aux groupes dans le cadre des structures intra et extra hospitalière, ce qui lui donne la possibilité de circuler entre les différentes structures du secteur et lui permet une approche globale de la personne accueillie.

Nous constatons donc que les décrets d'application de ces différentes lois suivent l'évolution des pratiques de terrain et viennent les entériner.

C – La fonction de formation, d'information et de recherche

Sur les 39 heures de travail hebdomadaire, il est convenu que le psychologue consacre deux tiers de son temps à la fonction clinique, et un tiers de son temps en formation, information, recherche. Ces compétences reconnues confirment sa position de personnel de catégorie A. « Le psychologue se doit d'actualiser sa formation sur les évolutions des méthodes et connaissances. » Les rédacteurs de cette circulaire font donc entendre aux instances qui gèrent le temps de travail des psychologues qu'elles doivent accorder toutes facilités à ces derniers pour leur permettre cette formation, et « notamment, pour rendre possible le suivi d'enseignements ou de formations, le cas échéant à l'extérieur de l'établissement ». Il est encore précisé que, pour conforter sa démarche professionnelle, pour élaborer, réaliser et apprécier de façon continue son action, le psychologue doit effectuer nécessairement une démarche personnelle permanente : l'évaluation personnelle de son travail et l'actualisation de ses connaissances.

Il peut encore assurer un enseignement dans les écoles d'infirmiers et accueillir des stagiaires psychologues pour les former sur le terrain. De ce fait, aucune direction ne peut s'opposer à l'accueil de stagiaires. Ce sont les psychologues et non les médecins qui font le choix et prennent la responsabilité de leur formation.

Ces textes accordent une grande importance à la recherche ; au niveau ministériel, on attend donc du psychologue qu'il en donne l'impulsion, réalise et communique ses travaux. Les psychologues cliniciens ont ainsi une place importante à tenir auprès des médecins dans le domaine de la recherche appliquée à la psychiatrie et à la médecine.

VII

LIEUX D'INTERVENTION

A – La fonction publique hospitalière comprend :

1. Les Centres hospitaliers spécialisés gérant les secteurs psychiatriques.

Avec la mise en place des secteurs psychiatriques après 1970, de nouvelles structures telles que hôpitaux de jour, foyers, appartements thérapeutiques, Centres de crise, CATTP (Centre d'activité thérapeutique à temps partiel), ont donné lieu à un recrutement important de psychologues cliniciens. Et les économies de la Sécurité sociale, liées à une politique gestionnaire, poussent dorénavant au redéploiement des moyens curatifs.

2. ***Les hôpitaux généraux et Centres hospitalo-universitaires.***

Les premiers psychologues apparaissent dans les services de psychiatrie ou de neurologie ; leurs outils étaient et sont toujours les tests évaluant la détérioration psychique et l'atteinte organique. Ils peuvent également participer au travail de rééducation et d'écoute des malades neurologiques.

Certains services d'enfants et d'adolescents continuent à les employer traditionnellement comme vacataires pour faire passer les tests d'efficience (hôpital Henri Rousselle, hôpital de la Salpêtrière).

Danielle Rapoport [25] rappelle que les services de pédiatrie ont été parmi les premiers à faire appel à des psychologues cliniciens dès les années 1960, et que leur place est devenue très importante. Citons-la pour exemple. D'abord vacataire dans le service du docteur Brissaud à la

Salpêtrière, elle devait évaluer et tester les enfants, mais depuis lors, l'intérêt pour l'enfant de plus en plus jeune et la sensibilisation aux problèmes de prévention se sont accrus. Elle a été l'une des premières psychologue en PMI qui a contribué à l'ouverture de ces services sur le monde extérieur. Quelques années plus tard, elle a participé à la création des chambres mère-enfant à l'hôpital Trousseau.

– Les services de maternité ont recruté des psychologues dans le cadre du planning-familial, du fait de l'introduction de l'IVG.

– Les services de chirurgie et en particulier de chirurgie esthétique réparatrice, ceux de grands blessés, emploient de plus en plus de psychologues ; il en va de même pour la chirurgie et la rééducation orthopédique chez les enfants. Patients et psychologues se trouvent là essentiellement confrontés aux problèmes liés au schéma corporel et à l'image du corps.

– De plus en plus les services de gériatrie, de gérontologie de long séjour et de moyen séjour, les établissements de retraite, font appel aux psychologues pour créer une animation, aider à traiter de la vieillesse et des difficultés liées à l'âge et à l'approche de la mort, tant avec les personnes prises en charge qu'avec le personnel.

– Les services d'alcoologie tels que ceux de Sèvres et de Saint-Cloud travaillent sur contrat d'abstinence et proposent de moins en moins de cures de désintoxication ; ils font appel aux psychologues pour animer des groupes de parole.

– Les services spécialisés dans les troubles des conduites alimentaires, souvent très médicalisés, utilisent parfois des méthodes comportementalistes pratiquées par des psychiatres ou des psychologues. Dans le cadre de cette pathologie, Ginette Raimbault à l'hôpital Necker propose, quant à elle, une démarche de type psychanalytique.

– Les services s'occupant de toxicomanes tels que ceux de l'hôpital Fernand Widal ou de l'hôpital Marmottan, répondent le plus souvent à des situations d'urgence. Nombre de toxicomanes sont ensuite dirigés sur le secteur associatif et beaucoup de psychologues travaillent ainsi dans des centres de postcure. La prévention du Sida a bien naturellement influé sur la prise en charge et le traitement médical et social de la toxicomanie.

– Les services de médecine générale emploient peu de psychologues ; ils font appel au service psychiatrique ou au psychologue d'un autre service quand un malade nécessite un entretien ou une prise en charge psychologique. Ces « liaisons » permettent de répondre avec des moyens limités à la pénurie de psychologues.

B – La fonction publique territoriale concerne

les psychologues travaillant dans les régions, départements, communes.

1. L'Aide sociale à l'enfance a pour mission d'accueillir des enfants délaissés par leurs parents de façon transitoire ou définitive. Les lieux d'accueil comprennent les agences, les pouponnières, les foyers pour enfants et/ou adolescents, les maisons et hôtels maternels.

Le psychologue, intégré dans une équipe d'éducateurs et d'assistants sociaux, a non seulement une fonction de soutien auprès de l'équipe mais de plus suit l'enfant et sa famille, ainsi que les familles d'accueil. Il intervient dans le recrutement des assistantes maternelles et participe au traitement des demandes d'adoption.

2. La Protection maternelle et infantile (PMI) fait partie de la Direction départementale des services sanitaires et d'action sociale (DSSAS). Les structures en sont les suivantes :

Les dispensaires assurent des consultations pédiatriques pour nourrissons et jeunes enfants de 0 à 6 ans et des consultations prénatales et de planning familial ; ils décident de l'agrément des assistantes maternelles, gèrent et contrôlent les crèches familiales et les crèches collectives.

Le psychologue de PMI répond à une demande institutionnelle de « prévention » et non de « thérapie »[26] ; néanmoins, il intervient auprès de l'enfant et de sa famille lorsque celui-ci présente des symptômes qui inquiètent cette dernière. Il remplit une fonction de sensibilisation aux problèmes psychologiques ainsi qu'une fonction de formation dans les équipes où il intervient.

*3. **L'action médico-sociale précoce*** a été intégrée au Livre II du Code de la santé publique relatif à la protection maternelle et infantile et des Centres spécialisés ont été créés en 1975 pour accueillir des enfants de moins de 6 ans présentant des déficits sensoriels, moteurs ou mentaux. La mission de ces Centres est de dépister, diagnostiquer, rééduquer, aider l'enfant à s'adapter à un milieu naturel tel que crèche, halte-garderie, école ; et elle comprend encore, dans ce cadre, la guidance des familles. Le travail du psychologue consiste en bilans de niveau et en entretiens avec les familles ; le psychologue s'efforcera, entre autres objectifs, à ce qu'une parole à propos du handicap puisse être élaborée avec l'enfant et sa famille.

*4. **Le travail en crèche*** et dans les différents lieux d'accueil de l'enfant tels que « halte-garderie » et « Maisons vertes » dans le secteur privé, a pour fonction d'éviter l'isolement de l'enfant et de permettre son inscription dans le milieu social, l'écoute de l'enfant et de sa famille. On demande au psychologue d'être disponible et présent dans les salles d'attente, dans les lieux informels, d'accepter apparemment de ne rien faire et d'apprendre plutôt à observer et à écouter.

C – La fonction publique État

1. Le ministère de la Justice.

• *La Protection judiciaire de la jeunesse* (PJJ ex-éducation surveillée) regroupe l'Enfance délinquante au niveau pénal et l'Enfance en danger au niveau civil, (enfants et adolescents jusqu'à 18 ans). Elle emploie différentes catégories de personnels, éducateurs, assistantes sociales, directeurs, médecins, et un corps particulier de psychologues à plein temps.

Si les juges demandent des « rapports » écrits, l'évolution des pratiques et la référence à l'éthique de la profession ont amené les psychologues à utiliser les tests avec prudence et à répondre de façon réservée. Les psychologues travaillent à l'articulation du juridique, du pédagogique, du social, du thérapeutique et doivent concilier différents niveaux de discours. C'est à ce nœud que se déploie la dimension clinique.

• *En milieu carcéral* où ils exercent depuis longtemps mais restent très peu nombreux, les psychologues dépendent de l'administration pénitentiaire. Ils se chargent parfois individuellement de détenus, leur proposent éventuellement des activités de groupe, et suscitent un travail de réflexion avec le personnel pénitentiaire qu'ils informent sur les problèmes liés à l'incarcération. Parfois ils assurent la continuité des prises en charge sous forme de consultation en dispensaire à la sortie de prison.

Actuellement, les petites maisons d'arrêt ne possèdent aucune structure médico-psychologique et le nombre d'intervenants reste très limité dans les structures plus importantes, ce qui explique la détresse psychologique de certains détenus et son retentissement sur le personnel pénitentiaire. Le ministère de la Justice aurait sans doute tout intérêt à s'intéresser à cette dimension psychologique et à penser au recrutement de psychologues. L'amélioration des locaux ne résoudra pas tout !

• *Le psychologue expert en justice* exerce une activité professionnelle dans sa spécialité en institution ou en libéral. Il suffit de faire une demande auprès du procureur général pour obtenir son inscription sur une liste de la cour d'appel. Il n'est pas employé par la justice mais intervient ponctuellement à la demande d'un magistrat pour l'éclairer dans un domaine où ce dernier n'est pas compétent. Il doit effectuer personnellement sa mission et rédiger un rapport à remettre dans les délais prescrits au magistrat.

En matière pénale, le psychologue est le plus souvent nommé par le juge d'instruction et peut être sollicité pour examiner les criminels et parfois les victimes.

En matière civile, il intervient dans le cadre de procédures de divorce ou d'après divorce. C'est la dimension psychopathologique familiale ainsi que les troubles réactionnels des enfants qui doivent retenir toute son attention.

2. Le ministère du Travail.

Les Commissions techniques d'orientation professionnelle (COTOREP) fonctionnent depuis 1976 et ont pour fondement la loi en faveur des handicapés de 1975.

Les psychologues participent à l'évaluation des possibilités d'insertion des personnes dans un milieu professionnel par le biais d'entretiens ou de tests. Ils peuvent aussi donner leur avis concernant le taux d'invalidité, l'indemnité compensatrice, l'allocation aux adultes handicapés. (Ils n'ont pas dans ce cadre d'activité clinique thérapeutique.)

D'autres ministères tels que l'Intérieur, les Armées, utilisent des psychologues essentiellement dans une perspective psychotechnique. Au sein du ministère de l'Éducation nationale, les Commissions de l'éducation spéciale (CDES) peuvent faire appel à un psychologue clinicien proposé par la Direction de l'action sanitaire et sociale.

D – Le secteur privé ou conventionné

1. Externats, internats médico-pédagogiques ou professionnels (EMP, IMP ou EMPro, IMPro), sont des structures associatives qui sont soumises à la loi de 1901 dont les financements sont contrôlés par l'État dans le cadre de conventions collectives l'une en 1951, l'autre en 1966. Ces conventions ont été les premières à définir les fonctions des psychologues et à leur donner un statut institutionnel. Il s'agit d'établissements qui, après la guerre, accueillaient des enfants et adolescents difficiles, caractériels, avec troubles psychiques.

De nos jours, le décret du 27 octobre 1989, qui régit ce type d'établissement en son annexe XXIV, distingue les établissements et services prenant en charge les enfants ou adolescents selon les troubles et handicaps présentés. L'examen psychométrique, les thérapies individuelles ou de groupe, les rencontres avec les familles figurent encore les principaux modes d'intervention des psychologues cliniciens. Comme dans le secteur public, ils participent au projet pédagogique et thérapeutique de l'établissement, aux rencontres avec d'autres institutions et peuvent également intervenir pour la réalisation de bilans CDES.

*2. **Les Centres d'aide par le travail*** (CAT) sont parfois gérés par ces mêmes associations. Leur projet vise à fournir un travail assisté sous la direction de moniteurs. La population reçue âgée de plus de 20 ans vit le plus souvent en foyer, ce qui lui confère un minimum d'autonomie. Ce type de structure s'attache très souvent un psychologue.

*3. **Les Centres médico-psycho-pédagogiques*** (CMPP) s'inscrivent dans le domaine semi-public ou privé ; ils relèvent de l'annexe XXXII du décret du 9 mars 1956, fonctionnent avec une convention de la Sécurité sociale et reçoivent les enfants, les adolescents et leur famille en consultations ambulatoires *.

Une équipe pluridisciplinaire constitue le cadre d'accueil qui oriente l'enfant ou l'adolescent sur le spécialiste répondant le mieux à la demande. Le maintien de l'activité de ces structures reste tributaire d'un certain nombre d'actes remboursés par la Sécurité sociale ; aussi bien, les pratiques des psychologues, marquées par cette nécessité, consistent-elles en bilans psychologiques et thérapies individuelles ou de groupe.

E – La pratique libérale

Elle serait plus volontiers envisagée par les psychologues cliniciens depuis la loi sur le titre du 25 juillet 1985 qui prévoit des sanctions en cas de son usurpation.

L'installation pose un certain nombre de problèmes pratiques : nécessité de demander une autorisation aux services d'urbanisme, d'informer l'inspecteur des impôts de son domicile avec assujettissement à la taxe professionnelle. L'exonération de la TVA (taxe sur la valeur ajoutée) obtenue en 1979 ne vaut que pour les actes relevant du bilan ou du traitement. Quant à la sélection et au recrutement qui relèvent d'un statut d'actes commerciaux, ils y restent soumis. Le psychologue adopte, dans ce cadre, le statut de travailleur indépendant avec toutes ses conséquences administratives. Les honoraires sont libres, il n'existe aucune réglementation à ce jour. Le psychologue évalue lui-même le « prix » de son travail en tenant compte de la qualité de sa prestation et du temps passé. Ces actes, qui ne sont pas reconnus par la Sécurité sociale, ne donnent donc lieu à aucun remboursement et n'entrent dans aucune convention. Les demandes habituelles portent sur le bilan psychologique ou le traitement psychothérapeutique. Parmi celles-ci, les demandes de thérapie de couple, de conseil conjugal et familial, apparaissent de plus en plus nombreuses.

La référence à la déontologie professionnelle et à l'éthique doit être constante lorsqu'on prend la responsabilité de suivre des personnes sans couverture institutionnelle ; le contrôle psychanalytique ou, à défaut, la supervision entre pairs, peut parfois en faire fonction.

F – Nouveaux lieux d'exercice, pratiques à venir

1. Le domaine de la « Petite Enfance » demeure très attractif pour les futurs psychologues. L'idée de la « Boutique Verte » proposée par Françoise Dolto [27] a fait son chemin.

On connaît la préoccupation de la psychanalyste pour la question du lien social relativement aux tout jeunes enfants ; elle préconisait à cette fin la création de lieux de rencontre où parents, grands-parents et gardienne de l'enfant seraient présents et inscriraient ainsi l'enfant dans un réseau social, support de sa sécurité. Elle pensait que cette rencontre avec la société permettait de dégager l'enfant d'une relation trop étroite avec la mère et le préparait à la rencontre avec d'autres enfants ainsi qu'à une entrée sans heurt à l'école maternelle. Plusieurs associations loi 1901, subventionnées par des organismes privés ou publics, ont créé leur propre « Boutique ». Elles sont animées par des psychologues cliniciens et des psychanalystes. Elles répondent à la demande d'un certain nombre d'usagers et servent éventuellement de lieu de rencontre entre parents et enfants lors de conflits familiaux.

À propos des crèches et des lieux d'accueil pour enfants, Anne Denner[28] propose une voie originale qui suppose la collaboration avec architectes, *designers* et artistes. Cette voie mène à la recherche appliquée ; elle supposerait, d'une part, une orientation vers les domaines de l'éthologie du nourrisson, domaine extrêmement fécond de la psychologie contemporaine, et d'autre part, une formation en art-thérapie.

2. La question du RMI confronte le psychologue au champ du social. Comment peut-il répondre simplement, avec sa seule écoute, à un traitement social et politique qui vise à soutenir financièrement les plus démunis ? C'est peut-être la réponse institutionnelle qui serait la plus adéquate et le psychologue pourrait ainsi se demander comment aider les intervenants, en particulier les assistantes sociales, à répondre aux problèmes que posent ces populations dans notre société et comment répondre aux processus de marginalisation. C'est par un travail de réflexion auprès des équipes que le psychologue trouverait ici sa légitimité.

3. Les services de réanimation, de traumatologie, de cancérologie, d'hématologie où les appareillages sont d'une grande technicité laissent peu de disponibilité au médecin pour écouter les patients. Des psychologues, formés pour parler avec les patients de leur angoisse et de leur souffrance, prennent le relais des médecins lorsqu'ils leur semblent en mesure d'apprécier la violence que suppose ce type de situation. Actuellement des associations loi de 1901 animées par des psychologues suppléent à la carence des pouvoirs publics.

4. Le Sida reste bien évidemment l'une des préoccupations majeure de notre société aussi bien dans le domaine de la prévention que du soin. Le psychologue peut participer à la tâche préalable d'information et, lorsqu'il travaille dans une structure de soins, aider « à l'élaboration des peurs, des fascinations, des mises à l'écart comme des deuils à faire [...] il participe à la création d'un partenariat avec les associations de malades ou de bénévoles afin d'utiliser toutes les médiations possibles au service du malade », comme le souligne Jacqueline Maillard (29).

5. Les services de soins palliatifs. Ils font appel au psychologue pour accompagner les mourants et soutenir les personnels confrontés à l'angoisse de la mort. Cette présence suppose que le psychologue, confronté à l'impensable de la mort, y réponde par un travail d'élaboration avec les autres intervenants, travail qui permet d'assumer en partie cet insupportable. Dans la rencontre avec les limites de la mort s'énonce la vérité du sujet, irréductible à la perspective des sciences de la nature. Et dans un tel contexte, le psychologue ne peut que convoquer son humanité. Au-delà de ses propres peurs, de ses propres angoisses, il doit accepter de rencontrer sa propre mort chez l'autre.

Aujourd'hui comme hier, le psychologue est appelé dans des domaines où la science n'a pas réponse à tout. Ainsi dans les services très fortement médicalisés, le psychologue est le bienvenu, là où l'angoisse se manifeste trop fortement, car les médecins restent sans parade technique devant la souffrance humaine. Les équipes travaillant dans ces lieux demandent à être confortées dans leur tâche. Le psychologue, par sa présence attentive et son écoute, « canalise » l'angoisse ambiante et répond dans un autre registre que celui d'une réponse immédiate et matérielle.

VIII

DÉONTOLOGIE, ÉTHIQUE

A – La Déontologie

Le premier Code de déontologie professionnel a été formulé par la Société française de psychologie en 1961 ; ce texte comporte trente articles et une réactualisation en a été proposée en 1985 par l'ANOP (Association nationale des organisations de psychologues). Ces codes, réservés à l'usage des psychologues adhérents à ces organismes, restent confidentiels. Ils sont sans valeur juridique puisqu'ils ne sont pas inscrits au Code pénal et, en cas de conflit, c'est le juge qui décide de la norme en matière de déontologie professionnelle.

Le psychologue qui a commis une faute professionnelle, sera jugé et sanctionné sur des critères proposés par des personnes extérieures à sa profession. Il le sera en tant qu'individu et non en tant que professionnel puisque, n'étant pas inscrit au Code pénal, ce code de déontologie n'est pas une référence obligée.

B – L'Éthique

Les codes susnommés se réfèrent à un ensemble de valeurs morales. Ils ont pour vocation de servir les règles professionnelles dans le *respect de la dignité humaine* indiqué comme principal contenu moral, dans la rubrique « Éthique ».

En 1961, ce que les psychologues visaient, c'était l'objectivité. Ils étaient « pourvoyeurs de normes » et de ce fait, comme l'indique M.C. George, « ils se situaient comme experts dans une parenthèse idéologique » (30) en essayant d'adopter une position de neutralité par rapport aux institutions. Mais dans la mesure où le pouvoir de décision leur échappait, face au pouvoir médical ou administratif, ils ne pouvaient refuser de pratiquer certains examens en arguant de leur éthique, faute d'un réel débat au sein de la profession et d'une inscription juridique dans un code de déontologie.

En prenant la responsabilité de se former et d'assurer des traitements, le psychologue se doit de garantir le respect des individus, de leur capacité d'évolution et de changement, ce qui suppose la mise en jeu du *secret.* En dehors des cas d'obligation légale, le psychologue ne peut être délié du secret qu'il doit au sujet, et la position éthique va dès lors consister à dire « non » à l'autorité qui demanderait que le secret soit levé, alors que ce serait contraire à l'intérêt du sujet. Aussi bien pour le clinicien, une clause de conscience existe-t-elle qui garantit le secret. Ce qui est en jeu, c'est non seulement *l'éthique professionnelle*, mais également *l'éthique individuelle*, dans sa dimension de respect d'autrui et de son intimité référée au désir, autrement dit au libre choix et aux valeurs de chacun.

À titre d'exemple, les services de procréation médicalement assistée font intervenir des techniques particulièrement délicates et ne prennent pas toujours en compte la question du désir d'enfant des femmes demandeuses ; ils auraient tout intérêt à s'entourer de psychologues à l'écoute de questions d'éthique si fondamentales.

CONCLUSION

Ce n'est pas l'enseignement des tests – qui requiert la plus grande neutralité de la part du psychologue –, qui prépare à cette attitude clinique liée à une position éthique. Il n'est de sujet de la science qu'extérieur, objectif, à bonne distance et non marqué de subjectivité. C'est pourtant les traces de cette subjectivité que traquent les psychologues sans le savoir.

C'est dans les trébuchements de la science qu'ils cherchent leur objet à l'exemple de ces astronomes auxquels se réfèrent Paul Fraisse, Jean Piaget, et Maurice Reuchlin dans leur *Traité de psychologie expérimentale, histoire et méthode* (31). Ces derniers évoquent l'observation suivante : « En 1796, à Greenwich, un assistant de l'Observatoire est renvoyé parce qu'il commet une erreur de près d'une seconde » en calculant le temps pendant lequel passe une étoile devant un réticule (axe de visée d'une lunette astronomique) et en tenant compte de la position de l'étoile une seconde avant et une seconde après le passage devant la lentille. Au XIXe siècle, d'autres astronomes font des erreurs comparables et se posent la question de leur signification. Or, cette erreur de perception, variable d'un individu à un autre, ne peut s'expliquer scientifiquement. C'est ici qu'intervient la psychologie expérimentale : elle se saisit de cette erreur pour mesurer les variations qui se manifestent d'une personne à l'autre sous la forme d'un temps de réaction. Les calculs qui en découlent tentent d'objectiver ce facteur personnel qui n'est pas appréhendable directement et n'est pas intégré dans l'expérience scientifique en jeu.

Dans son article « Qu'est-ce que la psychologie ? » (32)

Georges Canguilhem (1904-1994) médecin, philosophe, historien et épistémologue des sciences, reprend cette observation et parle du « déchet qualitatif » que cette expérience engage. Les variations de temps d'un individu à l'autre apparaissent comme autant de « falsifications du réel ». Qui est responsable de cela ? C'est le sujet de l'expérience. Il ajoute que « l'esprit trompe la raison relativement à la réalité ». Il y a un facteur propre à chaque individu, non assimilable par la science, qui provoque des distorsions perceptives et falsifie les résultats. Cet objet qui échappe à la science et qu'elle ne peut intégrer, ni assimiler, est l'objet même de la psychologie pour G. Canguilhem. Et ce que propose alors la psychologie expérimentale, c'est de l'intégrer dans la science en l'objectivant sous la forme d'une mesure de seuil.

Dans son séminaire universitaire de 1992-1993, Michèle Huguet(33) voit dans cette butée de la science l'émergence du *sujet de la psychologie clinique*. Et ce sujet, c'est aussi celui de l'*inconscient* pris dans un lien spécifique à cet objet insaisissable, support de son être libidinal, reste de jouissance après lequel il court. Du point de vue psychanalytique et plus précisément lacanien, cet objet spécifie l'être humain comme « être parlant » ; de l'ordre du réel*, il nourrit ses constructions fantasmatiques* imaginaires* et se signale dans la répétition des signifiants au sein du discours du patient. Nous entrons ici dans ce qu'on appelle le procès de la subjectivation.

Que signifie alors pour la psychologie la volonté de s'intégrer aux sciences de la nature en cherchant à résorber l'objet qui vient lui rappeler qu'elle est science de l'homme et qu'à ce titre, elle relève d'autres règles ?

Les démarches du psychologue expérimentaliste et du psychologue clinicien se marquent par des positions antagonistes concernant la neutralité ou l'implication, le choix entre l'objectivité et la subjectivité, la prévalence de l'objet à mesurer ou la reconnaissance du sujet et de ce qui l'anime. C'est autour et à propos de ce débat toujours actuel, non seulement avec les philosophes, avec les médecins, mais aussi au sein même de la profession, que les psychologues cliniciens ont réussi peu à peu à imposer leur compétence et leur spécificité.

La réflexologie pavlovienne et le béhaviorisme watsonien ont proposé une « clinique » qui efface le sujet puisque la théorie béhavioriste prend pour modèle la pensée assimilée à une « boîte noire ». La démarche cognitiviste entend en démonter les mécanismes, mais elle se propose toujours de réduire les comportements problématiques en faisant l'économie de la question du désir humain et du sens qu'il acquiert dans son rapport au symptôme, même si l'on reconnaît l'efficacité de ses techniques. Peut-on parler de clinique sans mise en perspective du sujet de la parole ?

Si la psychologie expérimentale fait partie des sciences de la nature, il importe que le psychologue clinicien reconnaisse que, si l'on fait appel à lui, ce n'est pas tant pour conforter la norme objective que pour répondre du sujet, et des ténèbres dans lesquelles il se trouve toujours enveloppé, malgré les nombreuses conquêtes des sciences de la nature.

L'ÉDUCATION

par

Jean-Claude QUENTEL

INTRODUCTION

On entend par éducation, au sens général du terme, ce type d'intervention qui vise à assurer la formation et le développement d'un être humain, et l'on comprend que la réflexion qu'il suscite vienne tout naturellement rencontrer la question de l'enfant. L'état d'inachèvement, de prématuration spécifique dans lequel le petit de l'homme naît au monde, et le développement, la progression qu'il fonde naturellement, appellent en effet une éducation que l'on s'accorde dès lors à distinguer d'un pur dressage, réservé aux espèces animales. Il s'agit avant tout de permettre ici une insertion, la meilleure possible, de ce nouvel être dans le social – et par conséquent dans la société dans laquelle il s'insère –, et il importe, à travers lui, d'instituer la perpétuation d'un savoir en même temps que d'une tradition.

Le domaine particulier de la psychologie qui a pris l'enfant pour objet s'attachera d'emblée à approfondir cette réflexion. Il s'attelle d'autant plus à cette tâche qu'il participe d'un mouvement général qui, à l'époque où la psychologie de l'enfant émerge comme discipline, ne peut saisir un phénomène quel qu'il soit qu'en remontant à ses origines. On tend du coup à saisir dans l'enfant la cause même de l'homme. Il est, dit-on, le père de l'homme puisqu'il en représente le fondement même. C'est donc sur lui qu'il faut faire porter tous les efforts, non seulement pour comprendre ce qu'est l'homme, mais pour le transformer véritablement par le biais de l'éducation. Or, dès lors que l'enfant constitue l'avenir de l'homme, la porte se trouve ouverte aux idéaux comme aux utopies de toutes sortes.

En fait, l'étude de l'enfant ne peut pas ne pas comporter des incidences normatives qui marqueront le type d'éducation qui lui sera prodiguée.

Pourtant l'éducation n'est pas réservée à l'enfant. L'importance de l'école et l'aspect qu'elle a pris depuis le XVIe siècle nous induisent ici en erreur. La ségrégation par l'âge que l'école instaure n'a pas toujours eu lieu [1]. Elle n'existait pas au Moyen Âge, pas plus, du reste, qu'il n'existait de gradation dans les études. Il faut donc attendre le XVIe, et surtout le XVIIe siècle, pour voir naître les classes scolaires. De nouvelles exigences, liées essentiellement à la révolution industrielle, se feront jour par la suite et conduiront à poser en des termes originaux la question de l'éducation chez l'adulte. Encore est-on rapidement amené à souligner ici la contre-dépendance de cette éducation des adultes vis-à-vis d'une école dont ces mêmes adultes n'ont pu, pour des raisons diverses, tirer suffisamment profit. Mais au-delà de cet aspect, le souci très moderne d'une éducation permanente s'articule à la prise en compte chez l'homme d'un constant processus d'acquisition jusque-là réservé à l'enfant.

Ainsi donc, on ne saurait travailler la question de l'intervention du psychologue dans le champ de l'éducation sans mettre d'abord et avant tout l'accent sur l'enfant. Nous rencontrerons nécessairement dans ce domaine des concepts, tels ceux de pédagogie, d'enseignement, d'apprentissage, de scolarisation ou d'instruction, qui soulèvent incontestablement des problèmes de définition par rapport à celui d'éducation. Et il convient alors de se demander si tous les processus mis en œuvre par l'enfant lorsqu'il est en situation d'éducation se révèlent de même nature que ceux dont l'adulte fait preuve de son côté.

I

APPROCHES THÉORIQUES DE L'ENFANT ET ACTION ÉDUCATIVE.

Si, depuis l'Antiquité, bon nombre de philosophes ont proposé une réflexion plus ou moins élaborée sur l'enfant, il faut attendre le XIXe siècle pour qu'une approche véritablement scientifique le concernant se fasse jour. Une nouvelle discipline, la psychologie de l'enfant, s'empare alors de ce nouvel objet et s'en réserve l'étude. Elle connaîtra un développement qui ira croissant au XXe siècle, les théories se multipliant, quoique s'inspirant toutes de la méthode mise en place par les découvreurs du siècle dernier. Un modèle différent de l'enfant va cependant découler de l'avènement, à l'orée du siècle, de la psychanalyse ; dès lors, méthode génétique et modèle psychanalytique vont constituer les deux grandes références théoriques sur lesquelles l'action éducative va devoir reposer.

A – Repères historiques

L'appréhension scientifique de l'enfant s'articule à la problématique évolutionniste qui est au cœur même de tout le XIXe siècle (2). Dans tous les domaines du savoir, la préoccupation centrale devient à cette époque celle de l'origine, et l'on remonte dans le temps, à travers des couches, des stades, des étapes, pour expliquer la situation à laquelle on se trouve concrètement confronté. Dans ce contexte général, l'étude de l'enfant vient tout à coup prendre une place essentielle, véritablement déterminante. On s'aperçoit, en effet, non seulement qu'il est aussi un être en évolution, mais encore qu'il représente lui-même l'origine : à travers lui, on a l'impression de voir naître effectivement l'homme. Il n'est, croit-on, qu'à l'observer dans son développement pour comprendre comment l'homme est advenu et se réalise, biologiquement sans nul doute, mais également psychologiquement ou culturellement.

Le XIXe siècle peut se définir comme le siècle de l'historicisme* ; le modèle y est par excellence celui de la genèse. La psychologie de l'enfant ne peut se constituer d'emblée, par conséquent, qu'à l'exemple d'une psychologie génétique. L'une ne va d'ailleurs pas sans l'autre ; la première n'existe qu'en fonction de la seconde. Tout le projet de la psychologie génétique, telle qu'elle se développera au XXe siècle chez des auteurs comme Henri Wallon et Jean Piaget, se trouve résumé dans cette perspective évolutionniste. Celle-ci se traduit par une approche en termes de stades, d'étapes de développement, qui viennent ponctuer la croissance de l'enfant. Pourtant ces systèmes de stades se révèlent aussi diversifiés que leurs auteurs, ce qui n'est pas sans interroger le pédagogue qui risque fort de ne plus s'y retrouver. Piaget lui-même s'en désole. Des tentatives d'homologation des stades auront dès lors lieu vers les années 1950-1960 : elles aboutiront à des échecs notoires (3).

Au-delà de cette impulsion donnée par le XIXe siècle, l'autre grand moment de la réflexion moderne sur l'enfant débute avec l'instauration de l'école obligatoire. En France, ce sont les fameuses lois Jules Ferry qui instituent en 1882 l'école laïque, gratuite et obligatoire pour tous les enfants. Or, très rapidement, il se révèle qu'un certain nombre d'entre eux ne peuvent pas suivre l'enseignement, ce qui ne laisse pas de surprendre tous ceux dont les idées généreuses ont contribué à la création de cette école obligatoire. « L'école pour tous n'est pas l'école de tous », conclut la sociologue F. Muel (4). Les « instables » font leur apparition, de même que les fameux « débiles », ceux dont les possibilités mêmes d'apprentissage semblent mises en cause. Le « débile d'école » se trouve créé d'une certaine manière par le système scolaire puisque, jusque-là, ces enfants ne se distinguaient pas véritablement de leurs pairs.

Les travaux, aujourd'hui bien connus, d'Alfred Binet et de Théodore Simon constitueront en quelque sorte la réponse à la question que ces enfants-là posent à l'école. Ces auteurs élaborent la première « échelle métrique de l'intelligence », c'est-à-dire le premier test * psychométrique dont s'inspireront tous les suivants. Ils dégagent la notion d'« âge mental » que, quelques années plus tard, William Stern rapportera à l'âge réel de l'enfant pour obtenir un quotient qui, repris à son tour en 1916 par Terman, fondera le fameux QI *, ou quotient intellectuel. Les recherches de Binet et Simon contribuent également à définir des orientations souhaitables pour ces enfants en difficultés. C'est ainsi qu'en 1907 se trouve fondée à Paris la première classe de perfectionnement. Ces classes vont se multiplier en France dans les décennies suivantes et elles survivront jusqu'à quasiment la fin du siècle, les CLIS (Classes d'intégration scolaire) prenant alors leur succession.

Toujours en France, on crée par décret en 1909 un Certificat à l'enseignement des enfants arriérés (CAEA) et l'on forme des instituteurs spécialisés pour intervenir dans les classes de perfectionnement. Ils y pratiquent ce que Binet appelle une « pédagogie pathologique », à laquelle, par ailleurs, la pédagogie des enfants normaux devrait, selon lui, se référer. Aussi l'éducation spéciale qui avait trouvé son impulsion au siècle précédent, avec notamment Itard, et qui se limitait aux enfants qu'on dirait aujourd'hui « handicapés », connaît-elle à ce moment un nouvel essor ; l'éducation de l'enfant normal, de fait, s'en inspirera fortement. Bien plus largement, le champ du « médico-scolaire » trouvera son origine dans ce même contexte et se développera d'une manière impressionnante tout au long du XXe siècle, à travers par exemple la multiplication des consultations et des centres médico-pédagogiques.

L'enseignement qu'il faut surtout retirer de cette période importante liée à l'instauration de l'école obligatoire est le suivant : l'école vient proposer au psychologue de l'enfant un renouvellement de son thème d'étude ; plus encore, elle lui désigne véritablement l'objet dont il doit à présent s'occuper, à savoir l'« enfant de l'école ». Autrement dit, psychologie de l'enfant et pédagogie vont avoir dès lors partie liée. Les repères que le psychologue va se donner pour situer les différents degrés de débilité des enfants seront ainsi directement fondés sur des critères scolaires que le pédagogue aura par ailleurs dégagés. Ce sont donc les âges scolaires qui déterminent les âges mentaux et non l'inverse, comme on pourrait éventuellement le croire aujourd'hui. Aussi ne s'étonnera-t-on pas de constater avec René Zazzo « une sorte de concordance des études psychologiques avec les étapes que l'école marque »[(5)], du moins dans nos pays occidentaux (2-3 ans, 6 ans, 12 ans...).

Les stades que reconnaissent les psychologues de l'enfant, bien que très divers, reflètent par conséquent d'abord les stades de l'école. Remarquons que cette seconde source de la psychologie de l'enfant, à l'origine d'une nouvelle période du développement de la discipline et surtout de l'émergence de la corporation des psychologues, ne se trouve aucunement en contradiction avec la première. L'école ne fait en effet que reprendre le même schéma évolutionniste de compréhension de l'enfant en traduisant les étapes d'évolution de l'enfant par les changements de classes. Et ce n'est qu'ultérieurement que le psychologue parviendra à inverser le rapport de dépendance qu'il entretient avec le pédagogue. Visant à conférer à ses travaux un caractère scientifique, il lui offrira des normes de développement et des repères multiples auxquels celui-ci viendra rapidement se référer, méconnaissant du coup l'importance de sa propre contribution à cette entreprise.

B – Méthode génétique et modèle psychanalytique

Se situant dans une optique développementale, le psychologue de l'enfant va proposer un schéma d'« éducation génétique ». L'éducation devra à ses yeux se modeler le plus possible sur les étapes psychologiques du développement qu'il dévoile par ailleurs. Il s'agira donc d'esquisser un tableau d'ensemble des étapes de l'éducation « telles qu'on peut les envisager à la lumière des résultats de la psychologie contemporaine »[6]. Se succéderont alors des âges arbitrairement découpés et variant selon les auteurs, consacrés chacun à une activité principale saisie comme déterminante au moment de l'étape en question (on aura par exemple l'âge du jeu, celui de la mémoire, celui des habitudes, etc.). La notion de moment propice, de période critique ou « sensible », sera du coup mise en avant. En fin de compte, l'éducation doit reposer sur une psychopédagogie, la psychologie s'offrant comme « l'instrument d'adaptation pédagogique par excellence »[7].

On oppose dès lors à l'empirisme, auquel recourent la plupart du temps l'éducation et la pédagogie, l'approche scientifique et expérimentale de la psychologie. Piaget souligne ainsi régulièrement l'insuffisance des connaissances pédagogiques et leur manque de liaison avec le progrès des études psychologiques. L'enseignement et la scolarisation doivent, insiste-t-il, se fonder sur une telle approche, même s'il est vrai que la psychopédagogie ne saurait se réduire à une simple psychologie appliquée. Il devient nécessaire notamment de s'appuyer sur les lois du développement pour trouver les méthodes les plus adéquates au type de formation éducative désirée. Et l'on doit veiller de plus à fournir aux éducateurs une formation psychologique appropriée[8]. Or, ce même schéma génétique, développementaliste, appliqué au domaine de l'éducation, aboutira également à la mise en place d'épreuves standardisées appelées « tests ».

Les tests * sont l'œuvre des psychologues dans la suite de Binet et Simon. Ils regroupent des items diversifiés dont le choix est supposé représentatif des domaines de la vie psychique de l'enfant et surtout de ses capacités requises dans le cadre scolaire. Il s'agit d'épreuves de description de gravures, de vocabulaire, de copie de figures géométriques, de répétition de chiffres, d'enfilage de perles, d'assemblage d'objets, etc. Le test constitue en somme un examen ; en d'autres termes plus actuels, il figure le type même de l'évaluation. Une fois l'enfant soumis à telle batterie d'épreuves standardisées, on réfère les résultats obtenus à une norme statistique qui indique immédiatement son classement par rapport à son rang d'âge. Le test * peut, du reste, fournir un âge mental qu'on rapportera à l'âge réel, ou n'aboutir qu'à un score global qu'on reliera ensuite à l'âge de l'enfant : dans les deux cas, on obtiendra un quotient intellectuel.

Le psychologue est de cette façon en mesure d'évaluer l'efficience d'un enfant, c'est-à-dire son rendement, par rapport à la moyenne de ses pairs. Il peut alors dépister des troubles et envisager une forme de prévention. Ainsi, lorsque l'enfant fait l'objet d'un « signalement » dans le cadre scolaire, du fait de difficultés constatées par l'instituteur, le psychologue sera sollicité et pourra, à partir du matériel dont il dispose, relier éventuellement les problèmes observés à une déficience globale de l'enfant. Autre possibilité, il fera ressortir une dispersion plus ou moins grande des résultats en fonction des domaines de la vie psychique sollicités et devra en tirer des indications susceptibles d'être reprises par le pédagogue. Si aucun déficit n'apparaît par rapport à la moyenne, il lui faudra alors trouver ce qui peut rendre compte d'un apprentissage insuffisant malgré des capacités de l'enfant intrinsèquement normales.

Le langage et la logique sont incontestablement les champs d'étude les plus travaillés par les psychologues dans la mesure où, privilégiés par l'école, ces domaines représentent traditionnellement le registre spécifique de l'humain. L'homme irait en effet « de l'acte à la pensée », pour reprendre le titre d'un ouvrage célèbre de Wallon ; il doit atteindre, selon Piaget, les « opérations formelles » * constitutives de la logique propositionnelle. Mais certains travaux aborderont d'autres terrains d'investigation, encore liés à l'école, tels le graphisme, le dessin ou « l'intelligence pratique ». Plus encore, le champ cognitif, autrement dit le champ des opérations de la pensée, ne constitue plus alors le seul domaine auquel le psychologue de l'éducation se trouve confronté.

Les problèmes de socialisation, notamment, vont dorénavant retenir le psychologue pour autant que les diverses difficultés rencontrées par l'enfant sont plus souvent à rapporter à des modes inadaptés d'interaction sociale qu'à un déficit proprement dit des capacités cognitives. Connaître, en effet, les particularités de l'enfant à ce niveau social peut sans nul doute permettre de reconsidérer les attitudes éducatives tenues à son égard. Et l'affectivité est, elle aussi, apparue d'emblée comme un élément essentiel au bon développement et à la formation harmonieuse de l'enfant. Les perturbations auxquelles elle peut donner lieu vont également avoir des incidences sur l'ensemble des réalisations de l'enfant.

Ainsi, éduquer ne revient pas seulement à procurer à l'enfant des connaissances. Une dimension morale se trouve engagée dans tout processus éducatif, tant au niveau de l'éducateur que de celui qu'il éduque. Au sens restreint, l'éducation rapporte même à cette seule dimension. Elle vise à apprendre à l'enfant à ne pas demeurer prisonnier de ses pulsions ou, si l'on préfère, des tendances et affects qui l'entraîneraient à réagir sans aucun recul. Jamais pour lui, comme pour tout homme, l'expérience de la satisfaction ne pourra rester à cet égard immédiate. Aussi bien l'éducation pose-t-elle des limites, des interdits, qui n'auront pour seule finalité que de permettre à l'enfant de jouer de sa propre capacité à se priver pour parvenir néanmoins à une satisfaction d'une qualité autre, éventuellement « sublimée » * comme le dit Freud. C'est de ce point de vue que l'éducation à la fois inhibe et conforte chez l'enfant un désir dont on pourrait alors soutenir paradoxalement qu'il est libre, dès lors qu'il traduit une relative maîtrise des pulsions.

Ce faisant, l'éducateur agit toujours au nom d'un idéal qu'il se donne et prétend transmettre à l'enfant dont il a la charge. L'orientation, la finalité que son action implique, se fondent sur des valeurs qui relèvent également de la morale en leur principe. D'une manière plus générale, il lui faut vouloir, désirer constamment pour l'enfant, c'est-à-dire soutenir face à lui des positions auxquelles il croit et qui concernent de son point de vue la question de la vérité. L'autorité dont il sera investi par l'enfant n'aura en fait d'autre source que celle-ci. Elle ne s'édifiera aucunement sur une contrainte ou sur le seul pouvoir dont sociologiquement il peut se prévaloir, mais sur la légitimité * que l'enfant lui reconnaît. Ainsi donc, la dimension morale ou éthique se révèle essentielle dans le processus éducatif.

En fait, ce registre de la pulsion et de la satisfaction sur lequel insistent tous ceux qui ont réfléchi sur l'éducation, a été plus particulièrement travaillé par les psychologues cliniciens et les psychanalystes. Leurs travaux vont pénétrer l'école et le champ de l'éducation pour s'y imposer de plus en plus, en concernant d'abord le problème des inadaptations scolaires. À partir des années 1960, le développement considérable de ces approches rejoint également une forte demande sociale de systèmes explicatifs concernant l'éducation familiale en général. Il ne sera dès lors plus possible de réfléchir sur ces questions sans tenir compte de l'apport de ces spécialistes, même si notre époque, très marquée par les neurosciences et un biologisme souvent excessif, tend à en restreindre la force et à en gommer l'originalité.

Or la psychologie clinique et la psychanalyse, confrontées à la question de l'enfant, ont pour particularité de ne pas se référer, comme c'est le cas de la psychologie génétique, au seul développement. Elles rompent même avec ce modèle en montrant que l'enfant ne se distingue aucunement de l'adulte en ce qui concerne les processus que recouvre sa vie pulsionnelle et fantasmatique. L'enfant apparaît comme un être désirant, au même titre que n'importe quel être humain (9). Il ne doit donc plus être considéré de ce point de vue comme le représentant d'une espèce à part, toujours défini par ses incapacités au regard du seul adulte. De nombreux éducateurs s'inspireront directement de ces découvertes, en les interprétant parfois à l'opposé comme un appel à une sorte de libération vis-à-vis de tout interdit émanant de l'adulte. Quoi qu'il en soit, il est certain que ces études ont conduit à un total renouvellement de l'approche éducative de l'enfant.

C – Le dépassement de l'adultocentrisme

La psychanalyse a eu incontestablement un double mérite qu'il faut ici souligner. D'une part, elle a montré que la raison humaine n'est pas identifiable au seul registre de la logique et de la pensée, puisque le moindre de nos comportements se trouve régi, sans que nous en ayons aucunement conscience, par des lois, proprement humaines. Le désir constitue donc un déterminisme autre, mais tout aussi réel chez l'homme que celui qui rend compte de sa cognition. D'autre part et surtout, la psychanalyse nous permet de ne plus identifier cette raison humaine à la raison de l'adulte, puisqu'elle met en évidence des processus identiques en leur principe chez l'enfant comme chez l'adulte. Or, cette démarche peut et doit être aujourd'hui étendue aux domaines que la psychologie génétique prétendait s'arroger et elle vient alors ouvrir de nouvelles perspectives dans le champ de l'éducation.

Le psychogénéticien étudie toujours du point de vue du développement les performances de l'enfant : le terme de ce développement étant l'adulte, il tend constamment à ne considérer l'enfant que dans le seul rapport à l'adulte dont l'idéal se trouve en l'occurrence incarné par l'observateur. Aussi une approche génétique encourt-elle sans cesse le reproche d'un comparatisme réducteur. On parlera ici d'« adultocentrisme » : il ne s'agit aucunement de récuser une démarche qui consiste à étudier l'enfant dans son rapport à l'adulte, mais de souligner les limites d'une réflexion qui ne peut s'en extraire et qui, comparant sans cesse les réalisations de l'enfant au standard de l'adulte, occulte nécessairement le fonctionnement propre de cet enfant. C'est là une réelle erreur méthodologique dont la psychologie de l'enfant ne parvient aucunement, quoi qu'elle dise, à se défaire.

Si l'on rompt avec cette forme d'égocentrisme* spontané dont fait preuve tout observateur, on est au contraire en mesure de faire ressortir la parfaite cohérence des productions de l'enfant, à quelque niveau qu'elles se situent. Ainsi pourra-t-on mettre en évidence le caractère systématique et totalement logique de ces énoncés de langage de l'enfant qui nous apparaissent pourtant sur le coup comme des « fautes ». La « faute » a sa raison, au-delà ou en deçà du rapport à l'usage qu'elle implique : « il a prendu » se déduit de la sorte du modèle vendre/vendu, comme « glandier », donné à la place de « chêne », se déduit du rapport pomme/pommier. L'écart par rapport au standard attendu manifeste une régularité qui est précisément révélatrice de la systématisation de l'enfant (10). On ne parviendra cependant à reconnaître cette rationalité inhérente à la production de l'enfant qu'à la condition de ne pas s'en tenir à une seule visée de conformisation au langage adulte.

Autrement dit, l'enfant met en œuvre ici des règles logiques que nous ne saisirons jamais si nous nous en tenons à une sorte de comptage de la déviance de ses réalisations. Par ses « fautes », l'enfant exerce sa capacité d'analyse et joue de sa faculté de langage : il se montre créatif et ne fait donc pas qu'imiter servilement le modèle adulte qui lui est proposé. Il devra, certes, par ailleurs, se l'agréger, mais il importe de ne pas confondre les processus en jeu dans ces deux registres. Dès lors, cette nouvelle approche des productions de l'enfant n'est pas sans conséquences éducatives et notamment pédagogiques. Plutôt que de chercher à lui faire simplement reproduire un modèle standard auquel il est censé devoir adhérer, plutôt que de viser une conformisation brute, on s'efforcera de repérer son propre fonctionnement, d'en saisir la cohérence logique, et de s'appuyer sur les processus mis en œuvre pour parvenir au but recherché.

Concrètement, il s'agit en quelque sorte de promouvoir cette fameuse « pédagogie de la faute », intuitivement saisie par certains enseignants et remarquablement théorisée déjà par un philosophe comme Gaston Bachelard. Elle vaudra pour le langage oral, certes, pour l'écrit également (et la fameuse « faute d'orthographe »), mais encore dans toutes les matières reconnues par l'école, notamment les mathématiques. Ce n'est qu'en confrontant l'enfant, à partir de son propre fonctionnement, aux contradictions logiques auxquelles il parvient, qu'on le conduira à modifier de lui-même son raisonnement, par une sorte de nécessité interne. On ne cherchera plus dès lors à lui imposer notre manière de faire, sans qu'il ait, si l'on peut dire, le mode d'emploi adéquat, et encore moins à lui faire franchir coûte que coûte de supposées étapes que rien en définitive ne vient fonder en dehors d'une visée adultocentriste.

Or, le phénomène de la « faute » peut figurer un paradigme dans l'étude de l'enfant et de ses réalisations. Autrement dit, cette manière d'opérer pourra s'étendre à tous les domaines et pas seulement à celui du langage et de la logique [11]. Elle concernera pareillement le champ de la fabrication ou de la production et donc l'ensemble des apprentissages d'ordre technique au sens large. Ici également, l'enfant met en œuvre de bonne heure une « raison » qu'il s'agit d'abord de pénétrer, si l'on veut pouvoir s'y appuyer pour introduire une quelconque modification. Ceci requiert à chaque fois de la part de l'éducateur de dépasser l'évidence de son propre savoir, dans la mesure où celui-ci pourrait faire obstacle à la compréhension de celui de l'enfant. Pour faire reconnaître à l'enfant son « erreur », encore faut-il en effet repérer d'abord ce qu'elle représente exactement pour lui.

C'est toute l'action éducative qui se trouve dès lors radicalement modifiée, au-delà du seul enseignement et de la pédagogie, comprise comme méthode d'enseignement. Le procédé s'étend en effet au comportement de l'enfant ; il ne s'agit plus seulement de le faire obéir puisque son comportement se trouve régi par des règles qui contiennent leur raison ; on cherchera donc à les reconnaître pour mieux le conduire progressivement à se conformer aux usages sociaux. Dans cette approche, les fameuses « méthodes actives », dont Piaget nous dit qu'elles n'ont pas fait, tout bien considéré, grand progrès, trouveront finalement une nouvelle légitimité.

« Imposer la raison nous paraît une violence insigne puisque la raison s'impose d'elle-même » : il s'agit en fin de compte de faire de cet admirable aphorisme de Gaston Bachelard un réel impératif éducatif. En toute occasion, la créativité de l'enfant se trouvera de la sorte respectée ; on joue de sa raison, on met à contribution les processus rationnels dont il est capable. Et l'action de l'éducateur se révèle dans le même temps confortée dès lors que son rôle consiste à apprendre à l'enfant les usages qui sont ceux de la société dans laquelle il doit s'insérer. Ce qui n'était bien souvent chez lui qu'intuition éducative prend un sens nouveau ou, plus exactement, s'éclaire de la mise en évidence de ces processus chez l'enfant. Le psychologue aura dès lors pour objectif de l'aider à repérer ces processus, en les inférant des réalisations de l'enfant, c'est-à-dire en faisant émerger leur cohérence implicite.

II

LES FONDEMENTS DE LA RELATION ÉDUCATIVE.

La première tâche du psychologue de l'éducation consiste sans nul doute à dégager le fonctionnement propre de l'enfant, et le seul moyen d'y parvenir véritablement consiste à rompre avec l'adultocentrisme pour mettre en évidence la pleine rationalité des productions de l'enfant. La raison n'est plus dès lors identifiée à la figure de l'adulte. Il reste que, *d'un autre point de vue*, l'enfant présente bien une particularité par rapport à l'adulte : il n'est pas un être responsable au sens plein du terme et demeure à cet égard dépendant de celui qui, pour lui, assume précisément la responsabilité.

A – Le statut particulier de l'enfant

Dans aucune société l'enfant n'est considéré comme un réel partenaire dans les relations ni n'est saisi comme pouvant contribuer véritablement au jeu des négociations. Il ne participe jamais pleinement du lien social ; il occupe une place à part. Acteur de l'échange, il l'est toujours à travers autrui, aucunement donc de manière directe. Or, ce que l'histoire et l'ethnologie, voire la sociologie, mettent ici en évidence doit trouver son fondement dans le statut de l'enfant dont le psychologue peut rendre compte. Et l'éclairage que ce dernier est susceptible d'apporter ne sera pas de son côté sans incidences sur le rapport éducatif que l'adulte entretient avec l'enfant.

Les grands psychogénéticiens ont longuement débattu de la question du processus de socialisation chez l'enfant et de la signification qu'il faut lui accorder. Pour Jean Piaget, l'enfant souffrirait d'une sorte d'insuffisance de sociabilité et devrait donc progressivement en acquérir. Henri Wallon en vient à soutenir rigoureusement l'inverse : l'enfant se situerait d'emblée dans une sociabilité trop étroite avec son entourage, de telle sorte qu'il faudrait comprendre son évolution comme un détachement graduel de sociabilité. Cette controverse représente indéniablement l'une des plus illustres parmi celles qui ont agité l'histoire de la psychologie de l'enfant et, en fait, les deux auteurs témoignent ici d'un remarquable malentendu réciproque.

Piaget et Wallon s'accordent en réalité sur l'importance du processus de socialisation chez l'enfant. Ils brossent tous deux un tableau semblable du rapport de l'enfant à son entourage et mettent l'accent sur les mêmes difficultés que rencontre celui-là. Piaget insiste sur ce qu'il appelle, dès le début de son œuvre, « l'égocentrisme » * de l'enfant. Il vise à désigner par ce terme l'impuissance de l'enfant à se dégager de son propre point de vue et à tenir compte du même coup de celui d'autrui. Le concept subira par la suite de très fortes critiques ; Piaget le retirera dès lors sous leur pression et lui substituera celui de « décentration » * : ce n'est que progressivement que l'enfant parvient à se décentrer de son propre point de vue.

Cette avancée de Piaget a déjà été notée avant lui par d'autres chercheurs, notamment par l'Américain James Mark Baldwin qui évoquait des formes diverses d' « adualisme » originaire, c'est-à-dire en fait d'indistinction chez l'enfant de ce qui est en quelque sorte « moi » et « non-moi », au niveau le plus immédiat. Après lui, bien d'autres le rejoindront dans son observation, même si leur théorisation se révèle différente. René Zazzo, entre autres auteurs, insiste ainsi sur le fait suivant : « Pour l'enfant il n'y a pas un point de vue des autres, ses mots et ses pensées elles-mêmes sont transparents ; il nage en pleine évidence, la question ne se pose même pas qu'on puisse ne pas le comprendre » (12). Incontestablement, Piaget rend compte à sa manière d'un phénomène que tout un chacun peut observer, sinon expliquer ; les romanciers pour enfants par exemple y ont depuis longtemps insisté (13).

À cette constatation, Wallon oppose le fait que l'enfant se trouve d'emblée dans un état de dépendance très important, qu'il épouse fréquemment, sinon constamment, le point de vue de l'adulte et se révèle en fin de compte d'une grande suggestibilité ; d'où la conclusion de Wallon : « Ce qui lui est nécessaire ce n'est pas un progrès, c'est un retrait de sociabilité. Il doit pouvoir se ressaisir vis-à-vis d'autrui »[(14)]. En fait, la position de Wallon ne s'oppose qu'en apparence à celle de Piaget. Tous deux mettent l'accent sur une particularité identique de l'enfant, mais ils insistent chacun sur un des aspects de ce qui constitue un seul et même processus. Autrement dit, ils n'abordent pas cette particularité de façon similaire. Qu'est-ce alors que cette spécificité de l'enfant à ce niveau de la socialisation ?

En définitive il revient au même d'affirmer que l'enfant fait preuve d'une incapacité à sortir de son point de vue subjectif et de soutenir qu'il ne peut accéder à un point de vue qui lui soit propre, autrement dit véritablement assumé. Il ne fait que *s'imprégner* des usages de son entourage et ne peut aucunement prendre sur ce point de la distance, c'est-à-dire relativiser ces usages (en les opposant à d'autres façons de faire à partir desquelles il se frayerait sa propre voie) et encore moins les contester. Il participe totalement de l'opinion de l'adulte et reste d'emblée, pourrait-on dire, sous son influence. Or, c'est cette même influençabilité qui le rend paradoxalement imperméable au point de vue de l'autre : il ne peut en effet poser cet autre véritablement comme tel et se situer en même temps comme foncièrement différent de lui.

Les phénomènes décrits par Piaget et Wallon constituent donc les deux faces d'un seul et même problème. Nous dirons finalement que l'enfant ne peut *s'absenter* de la relation dans laquelle il se trouve pris. S'absenter revient ici à ne pas être totalement réductible à cette relation au point de ne pouvoir en sortir, de n'être pas capable de prendre cette distance nécessaire à l'élaboration d'un point de vue qui soit réellement propre. L'enfant n'a jamais les moyens de s'abstraire de la relation qu'il vit à un moment particulier. Or ce que nous appellerons la *personne* se fonde précisément sur une telle abstraction, celle-là même qui fait énoncer aux psychanalystes que l'être même, et par conséquent toute relation, se constitue d'une « présence/absence » : nous sommes là et en même temps virtuellement ailleurs, puisque toujours susceptible d'entrer dans d'autres relations et de nous y situer différemment.

Une telle particularité de l'enfant dégagée par le psychologue aura bien évidemment d'importantes incidences éducatives. Elle engagera d'abord à diversifier progressivement les modes de socialisation de l'enfant afin que sa suggestibilité ne tourne pas à un complet assujettissement. L'entrée à l'école a d'abord cette fonction essentielle de dégager l'enfant d'une dépendance étroite et exclusive du milieu familial. Et d'une manière plus générale, on doit permettre à l'enfant de s'imprégner d'usages différents en le confrontant à des intervenants divers. En même temps, l'enfant dont l'un des désirs les plus forts se traduit par la volonté de grandir, ainsi que le soulignait Freud, aura besoin de trouver en l'adulte des repères précis qui lui permettront d'étayer sa personnalité présente et à venir. De tels repères qu'on qualifie d'identificatoires constitueront pour l'enfant les traits structurants de sa personnalité.

Bien des difficultés de l'enfant, notamment dans le cadre scolaire, trouvent leur origine dans des dysfonctionnements de ce processus complexe en œuvre dans la socialisation. Elles sont donc à rapporter au type particulier de relation que l'enfant mène avec son entourage immédiat, familial et scolaire, et elles influent nécessairement sur son comportement, comme sur ses apprentissages. Les services de l'Éducation nationale ont pour mission en France de traiter ces difficultés (dans les RASED ou Réseaux d'aide spécialisée aux élèves en difficultés) et les consultations extérieures à l'école (du type CMPP – Centre médico-psycho-pédagogique) s'emploient également à traiter des problèmes de cette nature.

Aussi bien le psychologue qui travaille dans ces organismes devra-t-il ne pas s'en tenir à des pratiques de tests * et à des bilans qui ne font que traduire l'efficience de l'enfant. Il lui faudra mettre en œuvre des procédures qui lui permettront de comprendre la nature des problèmes que rencontre l'enfant. L'entretien reste sans nul doute la première d'entre elles, mais il devra s'accompagner la plupart du temps de moyens cliniques d'investigation permettant de mettre au jour, de révéler ces problèmes. Le psychologue utilisera dans ce but un matériel très divers à l'aide duquel l'enfant pourra exprimer symboliquement ses difficultés. Le dessin, par exemple, constitue pour l'enfant un moyen d'expression très prisé parmi d'autres supports comme par exemple la pâte à modeler, les marionnettes ou tout autre type de jeu apte à favoriser une projection de ses processus psychiques.

Mais l'action du psychologue ne se limite pas au dévoilement de la nature des problèmes qui entravent la mise en œuvre des possibilités de l'enfant. En dehors d'un travail de type institutionnel *, il lui est encore possible d'entreprendre avec l'enfant un travail particulier. Celui-ci pourra demeurer de l'ordre d'un simple soutien psychologique lorsque les difficultés rencontrées par l'enfant ne trouvent pas leur origine dans des conflits psychiques profonds ; si les problèmes s'avéraient plus graves, ils nécessiteraient alors un travail psychothérapeutique – éventuellement en groupe (le psychodrame, par exemple) – qui rendra compte toujours chez l'enfant de motivations impossibles à exprimer autrement, ce que les psychanalystes désignent comme la dimension essentielle du désir.

B – L'enfant dans l'adulte

Freud, le premier, s'est posé la question de la raison de l'intérêt particulier que l'adulte, et d'abord le parent, porte à l'enfant, au point de se trouver parfois véritablement subjugué par lui. Comment comprendre, nous dit-il, que devant l'enfant nous subissions un véritable charme et que nous ayons spontanément cette attitude d'extrême tendresse ? Sa réponse n'est pas de prime abord sans surprendre : « L'amour des parents, si touchant et, au fond, si enfantin, n'est rien d'autre que leur narcissisme qui vient de renaître et qui, malgré sa métamorphose en amour d'objet, manifeste à ne pas s'y tromper son ancienne nature » (15). Si donc l'adulte vit un tel attrait pour l'enfant, c'est parce qu'il s'y retrouverait au se plein du terme ou, plus exactement, parce qu'il l'identifierait à une part perdue de lui-même, celle de « la perfection narcissique de son enfance » qu'il n'a pu maintenir. L'enfant paraît en effet se suffire à lui-même, du moins aux yeux de l'adulte.

Une telle appréhension de la relation parent-enfant ne vaut que si l'on accepte de considérer qu'on n'a pas affaire, aussi simplement qu'on l'imagine, à l'adulte d'un côté et à l'enfant de l'autre. D'une part, l'adulte est dans l'enfant – à titre de « surmoi » * – dans la mesure où l'enfant ne paraît pas capable de s'assumer seul et requiert une constante garantie qu'il ne peut par lui-même se donner. Nous dirons que l'enfant se trouve inscrit d'emblée dans l'histoire du parent, qu'il participe *par lui* du social. D'autre part, l'enfant est également dans l'adulte, et il s'agit de saisir cette fois, au-delà d'une apparente contradiction, que l'adulte n'a jamais fini de « régler ses comptes » avec l'enfant qui demeure en lui. Telle s'énonce l'une des grandes découvertes de Freud qui donne un véritable statut à l'intuition des romanciers et des philosophes et renouvelle en même temps la réflexion sur l'enfant : nous portons toujours l'enfant en nous.

Cet enfant que met au jour Freud apparaît finalement comme une part inconsciente de l'adulte ; celui-ci la méconnaît donc foncièrement et croit révolu le moment auquel elle renvoie. Ainsi compris, l'enfant se fait, selon la formule de Jean Gagnepain, « dimension de la personne », toujours vivante, bien que constamment supplantée afin d'entrer dans des relations sociales normales qui supposent le principe d'une réciprocité [16]. Or, c'est en rapportant l'enfant à cette part de lui-même, constamment niée mais toujours présente, que l'adulte peut en réalité l'éduquer. Il s'adresse à celui dont il a la responsabilité à travers cette sorte de filtre qu'il porte en lui. Autrement dit, éduquant l'enfant dont il a la charge, l'adulte ne fait d'une certaine manière que dialoguer avec lui-même. Et l'enfant bénéficie de cette « projection » dans la mesure où c'est à partir d'elle que le parent parvient à le « porter » psychologiquement.

Nous tenons là le ressort même du processus éducatif,

saisi du point de vue du parent. Mais ce qui vaut pour le parent vaut également pour le professionnel dès lors que celui-ci ne fait qu'endosser par délégation la responsabilité de l'éducation de l'enfant. L'éducateur, quel qu'il soit, parent ou spécialiste, agit auprès de l'enfant à partir de cette dimension qu'il contient en lui. Et cette situation a conduit certains à soutenir qu'il travaille, non pas simplement en donnant de sa personne, mais littéralement *avec* sa personne, c'est-à-dire en impliquant dans l'aventure son être même. Ainsi par exemple, dans les « équipes éducatives » de l'Éducation nationale ou dans les « réunions de synthèse » des établissements spécialisés, au-delà du strict bilan que l'on tente de dresser des apprentissages de l'enfant, il apparaît vite qu'on y confronte essentiellement les diverses façons dont les adultes « vivent » l'enfant, autrement dit les résonances que ce dernier provoque en eux.

Pourtant, si le parent construit véritablement l'enfant dans la mesure où il le ramène immédiatement à une dimension de lui-même, où il le saisit à travers ce prisme interne, *l'enfant fait aussi le parent* et d'une manière plus générale l'éducateur. Le petit d'homme auquel celui-ci s'adresse ne cesse en effet d'exister et de lui montrer, par ses réactions, qu'il ne saurait se réduire à ce que l'adulte place ainsi en lui. Il va continuellement mettre en question ce travail d'élaboration du parent. Nous avons par conséquent affaire à une forme de contradiction, sans cesse reconduite, qui nous autorise à parler de processus *dialectique* : l'enfant doit s'opposer par l'ensemble de ses réactions à ce que le parent projette ainsi sur lui ; il lui faut résister à l'assignation qui lui est faite d'incarner son idéal du moi*. Certes, ce que les psychanalystes appellent « l'enfant merveilleux » dans l'adulte[(17)] doit simultanément continuer de se manifester, mais il lui faut se mettre constamment à l'épreuve de l'enfant réel à éduquer.

L'éducation soulève la question de cette rencontre à chaque fois singulière et lorsque certains blocages se feront jour chez l'enfant, le psychologue aura pour tâche d'analyser les éventuels dysfonctionnements de ce processus de constant ajustement. Ainsi son travail dans les services spécialisés d'éducation précoce (tels les

SESSAD – Services d'éducation spéciale et de soins à domicile –, ou les CAMPS – Centres d'action médico-sociale précoce) se fonde pour l'essentiel à ce niveau [18].

C – L'adolescent et l'adulte

Autant donc on doit accorder à l'enfant un fonctionnement équivalent en son principe à celui de l'adulte aux niveaux logique, technique et éthique, autant il faut lui reconnaître une particularité dans le domaine de la socialisation et de ce qu'elle suppose : il demeure dépendant de l'adulte et a besoin que celui-ci lui garantisse constamment le monde dans lequel il s'insère en lui fournissant des repères sur lesquels il pourra se fonder. Dans nos sociétés, ce n'est qu'à l'entrée dans la période de l'adolescence que celui qui était encore jusque-là un enfant parvient à relativiser ces repères et à *s'approprier* véritablement ce dont il n'avait fait que s'imprégner. L'adolescence entraîne en effet une crise identitaire déterminante : l'enfant disparaît sans pouvoir encore laisser tout à fait la place à l'adulte qui existe dorénavant là, virtuellement, mais que la société tarde légalement à reconnaître.

La période de l'adolescence répond en fait à une réalité sociale qui n'est pas universelle. On sait par les travaux des ethnologues qu'elle n'existe pas dans certaines sociétés qui pratiquent alors l'initiation *, à l'issue de laquelle le groupe reconnaîtra pleinement le nouvel adhérent, mort à l'enfance, comme l'un des siens. L'adolescence correspond dans nos sociétés à ce temps durant lequel celui qui pourrait pleinement participer au social et y contribuer, parce qu'il en possède à présent la capacité, s'en trouve précisément empêché et doit de ce fait en différer l'exercice. Il est donc essentiel de bien faire la différence entre, d'une part, le principe même de la personne qui fait participer tout être humain de la socialité, quel que soit le type de société dans lequel il s'inscrit, et, d'autre part, la manière dont telle société, à partir de ses usages propres, particuliers, reconnaît l'exercice effectif de cette capacité : le phénomène de l'adolescence n'existe que dans ce décalage.

On sait à travers les études menées depuis le début du siècle par les psychologues que l'adolescent vit une transformation radicale qui n'est pas sans le tourmenter. Il éprouve une sorte de malaise déterminant : « Il se sent devenir autre », résume Wallon [19]. L'adolescent ne se reconnaît plus lui-même, sinon comme contradictoire, et s'en inquiète fortement. Il ne sait plus si c'est lui ou son entourage qui change. À vrai dire, c'est l'ensemble du rapport qui se modifie : l'adolescent mute en même temps qu'il transforme son entourage et l'oblige par conséquent à changer. Il se pose en s'opposant, en se singularisant, et s'affirme au contact d'autrui, d'où cette fameuse « crise d'originalité juvénile » qu'on évoque depuis Maurice Debesse. En bref, « la tutelle [de l'enfant] fait place à une condition où l'être devient responsable de ses actes ». Telle est l'essence même de ce mouvement par lequel « il faut se détacher, larguer l'amarre » [20].

Aussi doit-on faire ressortir que l'acte éducatif chez l'adolescent n'aura pas la même portée que chez l'enfant. L'adolescent, parce qu'il prend dans la relation cette distance dont l'enfant ne paraît pas encore capable, fait réellement sien ce qu'on lui apporte. Il ne fait pas que s'imprégner des usages qu'on lui propose, mais devient capable de les contester, d'introduire cette relativisation qui fait défaut à l'enfant. Il s'approprie ce à quoi il se trouve confronté, c'est-à-dire qu'il s'en empare et y introduit son propre arrangement, sa propre grille d'analyse. Pour l'exprimer plus simplement, on dira qu'il dispose d'un mode d'emploi personnel auquel il va donc soumettre ce qu'il doit acquérir ; du moins se le donne-t-il dans le moment même où il réalise ce nouvel acquis. Il y met en quelque sorte sa griffe, sa signature : il ne saurait demeurer dans une simple imitation et accomplit là, au contraire, une authentique opération de transformation.

Il résulte de cette rapide revue des questions que soulève cette période, et de la particularité du statut de l'adolescent au regard de tel type de société, que l'éducation apportée d'abord dans le cadre familial, puis dans les divers établissements qui lui succèdent, ne se fonde plus sur les mêmes ressorts que chez l'enfant. L'adulte doit tenir compte du fait qu'il trouve à présent devant lui un véritable partenaire, manquant sans nul doute d'expérience, mais pour une bonne part socialement empêché d'en faire. Et si l'adolescent s'affirme en s'opposant, il devient nécessaire que l'éducateur tienne face à lui des positions qui seront à l'occasion contestées, mais qui permettront précisément au futur adulte de construire sa personnalité.

Le psychologue lira dès lors les habituelles provocations de l'adolescent comme des appels lancés à l'éducateur afin qu'il soutienne des positions qui constitueront autant de repères dont l'adolescent aura besoin, même si une fois encore, c'est pour les relativiser et parfois en prendre le contre-pied. L'inquiétude ressentie par l'adolescent ne doit jamais être prise à la légère. Elle témoigne du fait qu'il éprouve sa propre singularité, ce qui tout à la fois constitue une conquête grisante et une perte angoissante des privilèges dont en tant qu'enfant il était assuré. Aussi, la recherche d'absolu que l'adolescent manifeste n'est-elle jamais que l'envers d'une contingence vécue qui peut parfois le conduire jusqu'au suicide.

L'adolescent, à la différence de l'enfant, est intrinsèquement acteur dans l'échange qu'il mène avec l'enseignant. Il ne subit pas passivement les cours dispensés, même s'il est peut-être loin à certains moments d'y adhérer, au sens, cette fois, où ils ne parviennent pas à soulever chez lui un réel désir d'apprendre. Il lui faut en effet légitimer* le professeur, c'est-à-dire lui reconnaître l'autorité qui confère du crédit à ses propos. Il est alors demandé au collégien, et plus encore au lycéen, un travail *personnel* qui suppose une gestion, une organisation des connaissances et une planification du temps. Autrement dit, on cherche à ce que l'adolescent prenne en charge l'enseignement qui lui est prodigué dès lors qu'il est capable de se l'approprier. Le psychologue est par conséquent amené à insister sur la rupture entre le primaire et le secondaire et, du même coup, sur la différence de métier entre l'instituteur et le professeur.

Plus encore, la différence de prise en charge que suppose l'éducation dans le cas de l'enfant et dans le cas de l'adolescent, et même *a fortiori* de l'adulte, se manifeste dans le vocabulaire employé. Ainsi par exemple, la pédagogie s'adresse à l'enfant qui n'est pas socialement l'acteur du processus auquel il se trouve simplement soumis. Suivant l'exemple de Jean Gagnepain(21), on pourrait alors attribuer le terme de « didactique » – réservé la plupart du temps à l'aspect méthodologique de l'enseignement – au type d'échange que suppose l'enseignement et, plus largement, l'éducation, réservés à un public d'adolescents ou d'adultes qui s'approprient la matière proposée et s'en font à leur tour les auteurs.

Que l'éducation des adultes nécessite un autre type d'intervention que celui de l'instituteur auprès de l'enfant, tous ceux qui travaillent à ce niveau s'accordent à le dire. Cependant, c'est dans une forme de dépendance vis-à-vis de l'école que sont nées les premières initiatives en ce sens, et il demeure fréquemment dans les esprits une référence prégnante à ce modèle, plus parfois du côté de l'éduqué que du côté de l'éducateur. Qu'il y ait, en effet, souvent à revenir sur des acquis qui n'ont pas été réalisés en leur temps dans le cadre scolaire ne saurait être sérieusement mis en doute. Les diplômes qui ouvrent les portes des postes de travail s'articulent par ailleurs directement à l'itinéraire scolaire et contribuent par là même à donner à cette éducation un aspect « correctif ».

Il s'agira donc de savoir quel type d'éducation serait à promouvoir auprès de l'adulte ou, plus exactement, quels objectifs seraient à poursuivre. Cherchera-t-on à inscrire l'intervention proposée dans le cadre professionnel ou non ? Les actions de formation permanente des entreprises peuvent elles-mêmes viser des objectifs qui ne sont pas nécessairement liés à l'exercice de la profession ou à la recherche d'une nouvelle qualification. Cependant, les contraintes économiques restent souvent sur ce point déterminantes et les impératifs qu'elles impliquent incitent à mettre l'accent sur l'aspect professionnel. Et c'est, dès lors, en termes de recyclage, de perfectionnement, de reconversion qu'on s'exprimera prioritairement.

III

LA DIMENSION INSTITUTIONNELLE

Éduquer, c'est, conformément à l'étymologie, conduire son prochain au-delà de ce qu'il est présentement, en lui permettant de mettre en œuvre les capacités dont il dispose, tout ceci dans un cadre social donné. Éduquer revient donc à introduire au sein des échanges socialisés celui auquel cette action s'adresse et à lui donner les moyens de participer et de contribuer pleinement à la société dans laquelle il lui faut s'insérer. Il s'agit là, par conséquent, d'un processus qui dépasse très largement l'individualité de chacun des protagonistes associés dans l'expérience ; et il doit produire des effets bien au-delà de la relation particulière qu'ils entretiennent. Le moindre acte éducatif engage en fait le registre social dans son ensemble et concourt à faire de celui sur lequel il s'exerce un acteur à part entière de la société dans laquelle il s'inscrit. L'éducation soulève une dimension que l'on dira dès lors « institutionnelle ». Et sur ce point, on soulignera de nouveau la différence entre l'enfant et l'adulte.

En psychologie, on évoque la dimension institutionnelle* lorsqu'on réfléchit et travaille sur le cadre même dans lequel l'action, quelle qu'elle soit, se trouve entreprise. Ce cadre est social en son principe ; mais la question de l'ouverture au social, de l'insertion de l'individu dans le corps social, est du ressort du psychologue. En d'autres termes, il s'agit encore de ce registre désigné, notamment par les psychologues cliniciens, sous le terme général de Loi, avec un L majuscule. Cette Loi ne se réduit aucunement à un énoncé précis de règles de vie de groupe. Elle renvoie au fondement même de toute vie en société, quelle que soit la configuration de cette dernière. Néanmoins, c'est dans telle situation socialement fondée que ce principe viendra s'exercer.

A – Une délégation de responsabilité

Dans toute société, l'éducation se délègue. Autrement dit, on transmet le flambeau à quelqu'un d'autre que la mère, soit au père, soit à l'oncle, soit à l'instituteur, sachant que l'option variera selon le système social en vigueur et pourra prendre d'autres formes encore. Le type de solution proposé se révèle par ailleurs directement fonction de la division sociale du travail mise en œuvre dans la société en question. Mais le fait même de la délégation demeure, par-delà les différences de dispositifs engagés. Et le psychologue devra s'attacher, relativement à chaque enfant, à l'application du système adopté et aux éventuels infléchissements ou déviations auxquels celle-ci aura pu donner lieu.

Le parent exerce en effet un pouvoir important sur l'enfant dont il a la charge du fait de l'absence de réelle réciprocité dans le rapport qui les lie, et les dérives dans l'exercice d'un tel pouvoir restent toujours possibles. Les encyclopédistes du XVIIIe siècle, indignés des excès de pouvoir communément recensés, avaient judicieusement remarqué que ce pouvoir du père devait bien plus se comprendre comme un devoir. De fait, ce pouvoir du parent s'articule à une forme d'assujettissement à l'enfant auquel il doit se consacrer. Toutefois, au plan psychologique, on continue d'observer des entraves au processus normal que le psychologue aura dès lors fonction d'élucider.

Éduquer constitue somme toute une tâche fort ingrate et Freud plaçait du reste, à la fin de sa vie, l'éducation au rang des métiers impossibles, avec le gouvernement et la psychanalyse [22]. Il s'agit de former un nouvel adulte, de lui enseigner tout ce qui lui sera nécessaire afin qu'un jour, précisément, il n'ait plus besoin de son tuteur et vole en quelque sorte de ses propres ailes. Un tel aboutissement n'est pas toujours facilement accepté par le parent, d'autant qu'il signe sa propre mise à l'écart et lui signifie en dernière analyse sa mort prochaine. Mais il en va parfois de même pour l'éducateur professionnel. Il peut encore vouloir perpétuer le pouvoir que naguère il exerçait sur l'enfant en continuant à se proposer pour lui comme un modèle idéal. Autrement dit, tout éducateur doit renoncer à se reproduire à travers celui dont il a la charge.

Aussi bien, le psychologue est-il régulièrement amené à intervenir, soit auprès de l'enfant lui-même, soit auprès de l'éducateur, afin de remédier aux effets néfastes d'une telle prétention de l'adulte, cachés parfois derrière les motifs avoués les plus généreux. Il s'efforcera de parer à ces excès afin de permettre à l'enfant d'accéder à son autonomie, et ceci dans le cadre des consultations auxquelles l'enfant ou l'adolescent se trouve conduit en raison de difficultés qu'il faut dès lors comprendre comme autant de signaux d'alarme lancés aux proches. Mais ce travail se réalise également au sein d'établissements chargés d'éduquer l'enfant, à commencer bien sûr par l'école. Dès lors, le travail du psychologue va de plus en plus devoir se déplacer du bureau de consultation à l'ensemble du dispositif d'accueil de l'enfant à l'intérieur même de l'établissement.

Le parent mettra donc, à partir d'un certain âge, son enfant à l'école ou dans tel établissement spécialisé si cela se révèle nécessaire. Il reconnaîtra implicitement, du moins en principe, la compétence de celui auquel il le confie, lequel fait pour lui, à sa place, un travail dont il n'est pas sans importance de noter qu'il en serait éventuellement lui-même capable, à s'en tenir en tout cas au seul contenu sur lequel il porte. Cette démarche suppose jusqu'à un certain point pour le parent une désappropriation de son enfant, pour un temps et dans un lieu donnés. Du même coup, le psychologue saisira parfois la trop grande présence du parent dans l'école, sous des modalités diverses, parfois légalement fondées, comme une atteinte possible faite à la compétence de l'éducateur et, corrélativement, comme un risque pour l'enfant qui ne se voit plus bénéficier d'un lieu qui doit précisément demeurer distinct du milieu familial. Ce n'est, en effet, qu'à cette dernière condition que le travail engagé aura une portée socialisante.

Mais, de son côté, l'instituteur, ou plus généralement

l'éducateur, doit prendre acte de la délégation de responsabilité dont il est pour un temps le bénéficiaire, ce qui revient à dire qu'il ne pourra en arriver à se substituer d'une manière ou d'une autre au parent. Cette tentation inconsciente, même si elle peut surprendre, guette toujours l'éducateur, surtout lorsque la famille paraît, à ses yeux, déficiente et semble menacer de ce fait le travail réalisé avec l'enfant. Or le parent demeure, quoi qu'il en soit et sauf déchéance juridiquement prononcée, le responsable de l'enfant ; la désappropriation ne peut donc jamais être totale. Pourtant le psychologue mesure fréquemment l'effet désastreux d'une véritable distorsion dans le rapport entre le milieu scolaire et le milieu familial, cette distorsion étant toujours vécue par l'enfant dans un sentiment de quasi-déchirement. Son intervention ne saurait dès lors se cantonner à l'enfant, ni même au seul milieu familial.

Le psychologue praticien est alors amené, dans ses divers champs d'intervention, à mettre l'accent sur la notion de « contrat » qui lie les acteurs d'un même processus occupant des positions différentes dans le jeu de l'offre et de la demande. En effet, les protagonistes doivent s'accorder sur les droits et les devoirs qu'ils « contractent » l'un envers l'autre. Il revient au parent d'admettre implicitement le savoir-faire de l'éducateur, mais il est en droit également, comme pour toute prestation de services, de lui demander des comptes sur le travail fourni. Réciproquement, il revient à l'éducateur de reconnaître ce droit de regard du parent sur l'action menée auprès de l'enfant, comme n'importe quel professionnel le fait par ailleurs vis-à-vis de celui qui l'a mandaté ; mais il est également essentiel à ses yeux que lui soit laissée la responsabilité de la manière d'assumer cette fonction dans le cadre de sa compétence.

La dimension institutionnelle* du travail du psychologue commence souvent là, dans le questionnement de la mise en œuvre de ce contrat (traduit fréquemment par l'assentiment donné par écrit à un règlement intérieur qui engage en fait les deux parties), et surtout dans son application ultérieure. Dans le champ de l'éducation spécialisée, les difficultés à ce niveau surgiront plus fréquemment du fait que l'enfant, par ses problèmes, remet plus facilement en cause la compétence du professionnel et aiguise du même coup la revendication du parent. Au demeurant, ces phénomènes se donnent à voir comme un grossissement et un passage à l'extrême de ce qui peut se jouer dans toute situation de délégation éducative. On en arrive parfois à des situations de blocage où chacun se rejette la responsabilité de l'échec constaté. Or, l'enfant vit toujours très mal ce conflit, écartelé entre deux positions parfaitement inconciliables.

B – Le cadre d'intervention du psychologue

Si l'enfant s'inscrit dans l'histoire de l'autre, s'il ne fait que s'imprégner de ses usages, sans pouvoir les relativiser en se les appropriant véritablement, il devient dès lors illusoire de penser, en le soumettant par exemple à des procédures de tests *, qu'on jauge *ses* capacités. Outre le fait, déjà signalé, qu'on n'obtient jamais ici que l'expression d'un certain rendement apprécié par rapport à des normes statistiques et reposant essentiellement sur des acquis scolaires, ce n'est finalement jamais l'enfant lui-même qu'on évalue, mais, à travers lui, son milieu. Plus généralement, c'est à ce milieu que l'éducateur professionnel s'adresse dans l'enfant ; d'où par exemple les limites, sinon le leurre, des pédagogies libérales qui pensent se fonder sur la spontanéité de l'enfant. Celui-ci apporte avec lui ses parents, leurs façons de faire et leur « capital symbolique », pour parler comme les sociologues. L'école propose en fait à l'enfant un nouveau cadre qui vient s'ajouter à celui que l'enfant connaît par ailleurs chez lui.

Et si pour l'enfant le cadre est porteur, en d'autres termes si le milieu dont il s'imprègne participe à la structuration de sa personnalité, alors il revient à l'école, et plus largement à tous les établissements qui accueillent des enfants (crèches, haltes, garderies, instituts spécialisés…) de s'interroger sur le dispositif qu'ils proposent. L'ensemble du cadre de vie proposé à l'enfant doit faire l'objet d'une analyse critique qui comprend les rapports entre les différents intervenants de l'établissement de même que ceux qu'entretiennent ces derniers avec leurs organismes de tutelle. La notion d'équipe éducative se soutient avant tout d'une telle interrogation.

Dans cette visée, la réflexion institutionnelle * a surtout été développée dans le secteur particulier de l'éducation spéciale qui prévoit, en France, par la loi d'orientation du 30 juin 1975, le droit à l'éducation pour les enfants handicapés, quelle que soit la nature de ce handicap. Cette réflexion est devenue un des éléments prépondérants d'une prise en charge qui a d'emblée un caractère global, du fait de difficultés de l'enfant qui trouvent leur origine à des niveaux très divers. Il s'agit non seulement d'envisager du point de vue pédagogique des apprentissages précis, mais de prendre également en considération l'ensemble des facteurs qui contribueront à l'épanouissement de l'enfant et à sa formation. On tiendra donc le plus grand compte, dans une telle prise en charge globale, du type de rapport qu'entretient l'enfant avec les adultes et par conséquent du cadre général dans lequel il évolue.

La réforme des annexes XXIV qui régissent, en France, les conditions d'autorisation et de fonctionnement des établissements et services d'éducation spéciale prend acte de la nécessité d'une telle réflexion. Elle pose clairement que « le cadre institutionnel lui-même peut revêtir une dimension thérapeutique » (circulaire du 30 octobre 1989) susceptible par conséquent de mobiliser pleinement les potentialités de l'enfant et de conforter la relation éducative ou pédagogique. Insistant sur la cohérence d'ensemble de la prise en charge, ce texte souligne « l'éclairage spécifique » apporté à ce niveau par le psychologue (et par le psychiatre) ; il affirme également qu'il « représente une contribution essentielle » dans le travail de l'équipe. Il lui appartient notamment de travailler les « aspects transférentiels et contre-transférentiels » * des relations qui cernent l'enfant « afin d'ajuster les objectifs et les méthodes proposées aux capacités intellectuelles et affectives de l'enfant ».

On demandera donc au psychologue d'intervenir à ce niveau institutionnel *, spécialement lors des réunions qui scandent la vie de l'établissement : d'abord les réunions dites de « synthèse », lors desquelles les intervenants mettent en commun les informations sur l'enfant et sur les relations qu'ils entretiennent avec lui pour faire le point sur son évolution ; ensuite les réunions de travail souvent organisées sur un thème qui cristallise les interrogations les plus fortes de l'équipe ; enfin, les réunions ponctuelles organisées avec telle partie de l'équipe qui donnent l'occasion d'aborder les difficultés rencontrées avec un enfant ou dans le cadre d'une activité proposée en groupe. Dans chacune de ces réunions, le psychologue se trouve fortement sollicité et il devra s'efforcer de se départir de toute position hiérarchique, comme des préoccupations de direction et de gestion du personnel, afin de bien marquer et sauvegarder sa position spécifique de neutralité.

Il questionnera la cohérence des repères proposés à l'enfant dans le cadre de l'établissement et veillera à ce qu'il ne se trouve pas face à des situations contradictoires qui le perturberaient. Il s'attachera également à ce que l'enfant ne se trouve pas prisonnier d'une relation « duelle » de pure fascination dont il ne lui serait plus possible de s'extraire ; et une telle situation sera d'autant plus susceptible de se produire que la nature des difficultés de l'enfant sollicite chez l'éducateur un fort investissement personnel.

Cette organisation des établissements spécialisés tend peu à peu à valoir pour l'école. Celle-ci a d'abord ses propres classes d'éducation spécialisée dont les buts et les méthodes se rapprochent fortement de ceux des établissements spécialisés, jusqu'à parfois se confondre. L'intégration scolaire suppose ainsi une réflexion d'ensemble sur l'enfant et ses conditions de prise en charge, une coopération existant par ailleurs fréquemment avec les services ou établissements spécialisés. Le psychologue [a] aura dès lors

---

a. Relevons qu'il existe, en France, une différence de statut et de formation entre le psychologue scolaire (lequel travaille dans l'Éducation nationale – il en va différemment dans l'enseignement privé) et les autres psychologues. Alors que ces derniers ont une formation universitaire, sanctionnée par un diplôme de 3e cycle (à l'issue d'un minimum de cinq années d'études), les premiers sont recrutés parmi des instituteurs ayant déjà une certaine expérience dans l'enseignement. Ils reçoivent une formation spécifique qui dure une année et délivre un diplôme d'État de psychologie scolaire. Ajoutons que cette différence de statut et de formation fait aujourd'hui l'objet de débats importants.

un rôle d'autant plus prépondérant qu'il devra travailler avec les différents partenaires engagés auprès de l'enfant : non seulement avec l'instituteur concerné, mais encore avec le directeur de l'école, avec l'inspecteur de l'Éducation nationale, avec la commission de circonscription qui a pour fonction de proposer des orientations et enfin avec les divers rééducateurs appelés à intervenir.

Mais le rôle du psychologue ne se limite pas à une action auprès des seuls enfants en difficulté. Il entreprendra encore un travail de prévention en rencontrant les instituteurs et, si possible, l'ensemble des enseignants d'une école. La notion d'équipe éducative se voit donc de plus en plus utilisée dans le cadre scolaire, en même temps que celle de *projet d'établissement* qui oblige les membres d'une même école à réfléchir à la cohérence de l'action menée par l'établissement scolaire. Comme dans le secteur de l'éducation spécialisée, le psychologue se trouve ici de plus en plus sollicité, mais ce type de réflexion reste cependant encore nouveau et bouscule des habitudes de travail bien établies. La multiplication des actions de « décloisonnement » qui font sortir l'enfant du cadre de la classe, comme la notion de cycle scolaire mise en avant aujourd'hui, conduisent néanmoins à une modification des pratiques et des mentalités. C'est dire que le champ va vraisemblablement s'ouvrir davantage encore au psychologue…

C – La formation permanente

Les considérations d'ordre institutionnel* ne peuvent pas recouvrir le même sens chez l'adulte que chez l'enfant. L'adulte s'approprie ce qui lui est proposé et ne fait pas que s'en imprégner. Il s'en empare et le soumet à une opération de réelle transformation. Nous dirons qu'il le digère, suivant en cela Montaigne, qui assignait ce but à « l'institution » des enfants : « C'est témoignage de crudité et indigestion que de regorger la viande comme on l'a avalée, écrit-il dans les *Essais*. L'estomac n'a pas fait son opération, s'il n'a pas fait changer la façon et la forme à ce qu'on lui avait donné à cuire » (livre I, ch. XXVI). Au demeurant, chez Freud, l'identification *, processus d'appropriation en son essence, conserve de même les rapports les plus étroits avec l'incorporation qui en constitue du reste le prototype originel. « Ainsi, conclut Montaigne, les pièces empruntées d'autrui, il les transformera et confondra, pour en faire un ouvrage tout sien, à savoir son jugement. »

L'adulte restructure constamment son savoir. Ses acquis se font par capitalisation, chaque nouvel apport amenant ici une modification, non par simple accumulation, mais par une totale réorganisation. On peut soutenir, à cet égard, que chez l'adulte, l'éducation se révèle en fin de compte permanente, répondant à la continuelle récapitulation, à la constante transformation du savoir en fonction des nouveaux acquis réalisés. Et ce processus vaut dans tous les domaines de la vie psychique ; il n'est aucune raison de le réserver au registre du cognitif, toujours privilégié du fait du rôle prépondérant accordé au langage et à la pensée. L'adulte continue toute sa vie d'acquérir, tant du point de vue des connaissances que de celui des techniques, des manières d'être et de désirer. Il a cependant fallu du temps pour s'en convaincre, les schémas évolutionnistes fondés sur le seul développement assignant à un âge controversé, autour de 16 ans, la limite de la progression de l'homme.

L'adulte est pleinement acteur du rapport qui le lie à l'éducateur ; il ne saurait aucunement subir ce que celui-ci lui propose. L'éducation suppose ici une réelle confrontation de points de vue. Elle se fonde sur le principe d'une négociation, d'un échange, ou si l'on préfère d'une communication véritable. Plus encore, l'éduqué se fait en quelque sorte le coauteur de ce qui lui est transmis, dès lors qu'à son tour il s'en empare et lui confère son propre sens. Tous les formateurs d'adultes s'accordent aujourd'hui sur ces points en insistant par exemple sur la notion de « sujet actif » et en soulignant le fait qu'on ne peut prétendre en demeurer à une seule visée informative qui n'engagerait ni l'éduqué ni l'éducateur. Il apparaît clairement en tout cas que le modèle scolaire applicable à l'enfant ne peut plus être opérant dans un tel contexte. Il se révélera même à l'occasion tout à fait contre-indiqué, les objectifs visés ne se fondant plus, précisément, sur un rattrapage ou sur un amendement des effets du système scolaire.

Le psychologue sera d'autant plus sollicité au niveau de l'éducation des adultes qu'on aura compris – et telle est aujourd'hui la tendance en ce domaine – que la formation dispensée apparaît en définitive plus générale que proprement technique, qu'elle se donne pour objectif une aptitude au changement et sollicite finalement la personnalité dans son ensemble. Il sera susceptible d'intervenir dans toutes les formes d'action entreprises, qu'il s'agisse de recyclage, de perfectionnement, de reconversion ou encore de promotion professionnelle. Il rencontrera éventuellement les postulants avant leur entrée effective dans le cycle de formation et analysera avec eux leur demande. Une fois la formation commencée, des difficultés pourront surgir chez les intéressés et prendre la forme de blocages ou de résistances qui feront également recourir à ses services.

Les organismes dans lesquels le psychologue intervient se révèlent multiples et d'une très grande diversité, placés directement sous la tutelle de l'État ou gérés par des services du secteur privé, souvent soumis à un conventionnement. Ces organismes ont d'autant proliféré qu'ils ont tenté de répondre aux fortes demandes créées par la législation en vigueur sur la formation permanente. En France, la loi du 16 juillet 1971, qui concerne tous les établissements de plus de dix salariés, stipule ainsi les objectifs et les obligations qui régissent la formation professionnelle continue dans le cadre de l'éducation permanente. Un comité interministériel définit l'orientation de la politique à ce niveau et le Code du travail en dresse de son côté le cadre juridique. Aussi une très forte demande de formation des formateurs d'adultes existe-t-elle aujourd'hui, liée à une grande diversification des actions de formation et l'on demande de plus en plus au psychologue d'y contribuer.

Le psychologue tient encore une place essentielle dans la formation professionnelle et l'insertion sociale des travailleurs handicapés. En France, la loi d'orientation de 1975 a créé dans tous les départements une COTOREP

(Commission technique d'orientation et de reclassement professionnel) qui emploie des psychologues devant contribuer, à partir de leurs techniques propres, à toutes les actions qui relèvent de la compétence de ces commissions : bilan des personnes concernées, orientation et mise en place des mesures propres à assurer leur reclassement, appréciation du taux d'invalidité, etc. Dans le même domaine, on fait appel encore aux services du psychologue dans les ateliers protégés, les Centres d'aide par le travail (CAT) et autres structures spécialisées dont le rôle consiste à proposer un cadre protégé aux personnes handicapés adultes qui ne peuvent avoir leur place dans un milieu normal de travail.

Un aspect non négligeable de l'intervention du psychologue dans ce domaine, et d'une manière plus générale dans l'éducation et la formation des adultes, réside dans la mise en œuvre et parfois même la création de procédures d'évaluation qui se présentent souvent sous la forme de tests*. L'adulte se trouve donc ici soumis, comme l'enfant, à des procédures psychotechniques*. Celles-ci répondent à une psychologie de l'efficience commandée non plus par des critères d'adaptation scolaire, mais par des objectifs d'intégration au monde du travail et d'adaptation aux exigences de la vie économique. Cette psychologie de l'efficience se distingue incontestablement de l'approche précédemment décrite qui tient compte surtout de la personnalité et des motivations de celui auquel on s'adresse. Et lorsque la visée de l'intervenant rejoint celle de l'orientation et de la sélection, on aborde alors une autre démarche qui s'inscrit plutôt dans le cadre de la psychologie du travail.

CONCLUSION

L'éducation ne se ramène aucunement à une simple adaptation de l'individu à la société dans laquelle il s'inscrit. Le psychologue, par ses recherches, en apporte une confirmation en montrant la nécessité d'un recul, d'une prise de distance par rapport à une visée de cet ordre. Il met en effet en évidence les divers processus sur lesquels se fonde la créativité dont celui qui se trouve en situation d'éducation fait preuve. Aussi l'éducation ne peut-elle se donner pour seule fin de « faire des adultes »[23]. Sans nul doute l'éducateur doit-il garder l'objectif d'une initiation progressive de l'enfant aux usages de la société dans laquelle il s'inscrit ; mais il devra, pour y parvenir, s'appuyer sur la structuration du monde que cet enfant opère déjà à sa façon et l'amener par un jeu de confrontations à la remanier de lui-même sans chercher à lui faire imiter par soumission le modèle proposé.

En fait, le psychologue se trouve aujourd'hui sollicité à tous les niveaux dans le champ de l'éducation, tant pour l'enfant que pour l'adulte. Il intervient, certes, dans l'école, dans les réseaux d'aide (enseignement public) ou dans les services de psychologie (enseignement privé) qui ont à traiter des difficultés de l'enfant scolarisé en maternelle ou en primaire, ou bien encore dans les classes du circuit spécialisé (classes d'adaptation, de perfectionnement ou d'intégration scolaire – CLIS). Il travaille également dans les diverses consultations (CMPP, consultation du secteur psychiatrique, centre d'action sociale…) qui traitent des problèmes de l'enfant ou de l'adolescent liés à son cursus scolaire. Mais sa compétence s'étend encore en amont, au domaine très vaste de la petite enfance qui a connu ces deux dernières décennies, dans sa forme de prise en charge, des transformations importantes auxquelles la diffusion de la psychologie a très fortement contribué.

Au niveau de la petite enfance, les tâches du psychologue se révèlent multiples. Il intervient notamment dans le cadre de la PMI (Protection maternelle infantile) qui organise des consultations de protection infantile et contrôle crèches et garderies. Il travaille également avec les assistantes maternelles (c'est-à-dire les anciennes nourrices ou gardiennes d'enfants) et participe notamment à leur agrément et à leurs actions de formation, aujourd'hui obligatoires en France. Il est encore très présent dans les divers services de placements familiaux, de même que dans les pouponnières et foyers de l'enfance gérés par l'Aide sociale à l'enfance ; son action reste par ailleurs déterminante dans les procédures d'adoption. Enfin le psychologue est encore requis lorsque, un handicap ayant été précocement décelé, l'éducation du jeune enfant demande une prise en charge spécialisée (dans un CAMPS ou un SESSAD).

En dehors de l'école, tous les établissements recevant des enfants et des adolescents, soit pour un temps limité, soit pour un placement à long terme, vont recourir aux services d'un psychologue. L'obligation éducative (qui n'est pas l'obligation scolaire) à laquelle se trouvent soumis depuis 1975, en France, tous les enfants et adolescents handicapés, a pour conséquence leur placement dans des établissements adaptés où leur est dispensée une éducation ordinaire ou, à défaut, une éducation spéciale à laquelle le psychologue contribue quasiment dans tous les cas. Il intervient dans les établissements ou services de rééducation fonctionnelle qui traitent des diverses séquelles motrices ou neuromotrices et d'une manière plus générale de tous les handicaps moteurs. Il travaille également dans les établissements pour handicapés sensoriels (déficients auditifs ou visuels) et déficients mentaux (en France, dans les Instituts médico-éducatifs ou IME).

Par ailleurs, les centres du secteur de pédopsychiatrie et les hôpitaux de jour, qui ont pour mission de s'occuper des enfants et des adolescents présentant des problèmes d'ordre psychiatrique, font aussi appel à la compétence du psychologue. Ces établissements, tout comme les Instituts de rééducation (IR), constituent avant tout des structures de soins ; ils comportent néanmoins une fonction éducative qui s'est trouvée parfois reléguée au second plan, en raison même des difficultés spécifiques de ceux auxquels ils s'adressent. La justice figure encore un autre domaine dans lequel le psychologue tient un rôle important à des niveaux très divers qui concernent également l'éducation. Il intervient ainsi dans les établissements d'éducation surveillée et même dans les prisons où, par exemple, les mères peuvent garder leur enfant en bas âge. Il travaille également dans les divers services chargés de mettre en œuvre les différentes formes de mesure de sauvegarde décidées par le juge.

Chez l'adulte, il apparaît que les problèmes d'éducation se posent d'une manière différente, d'abord et avant tout parce que son rapport à la socialisation n'est pas le même que celui de l'enfant. Pour des raisons économiques et plus généralement sociologiques, on se préoccupe davantage de ces questions depuis quelques années. Elles soulèvent en fait plus de controverses qu'en ce qui concerne l'enfant et l'adolescent, dans la mesure où elles paraissent fréquemment liées à des objectifs dont on peut faire ressortir la visée idéologique. On parle toujours plus facilement dans ce domaine de formation que d'éducation même si, dans le même temps, on saisit les actions proposées à ce niveau comme une forme d'éducation permanente. Quoi qu'il en soit, le psychologue se trouve de plus en plus amené à se préoccuper de formation continue ou permanente et il semble bien que s'ouvre ici pour lui un champ d'intervention dont les intérêts sont très nombreux.

Soulignons pour conclure que tous les domaines que la psychologie, discipline hétérogène par excellence, se reconnaît aujourd'hui, contribuent à la réflexion sur l'éducation. La psychologie de l'enfant n'apparaît pas la seule concernée, loin s'en faut ; la psychologie clinique, la psychologie sociale, la psychologie différentielle, la psychologie expérimentale ont toutes à s'exprimer sur cette question, ce qui permet de comprendre les différentes orientations que l'on peut rencontrer dans la très riche littérature psychologique qui lui est consacrée. Par ailleurs, la psychologie ne constitue elle-même qu'un aspect de la réflexion menée sur l'éducation et d'autres disciplines y concourent aussi. On peut néanmoins affirmer sans grand risque que dans le concert des disciplines qui aujourd'hui tendent à rendre compte des processus en jeu dans l'acte éducatif, la psychologie constitue un apport essentiel et tout à fait incontournable.

L'ENTREPRISE ET LES ORGANISATIONS

par

Guy MINGUET

INTRODUCTION

La situation de la psychologie et de ses praticiens dans les domaines du travail et des univers organisés de la production et du tertiaire, dans la décennie quatre-vingt-dix, se rapporte aux propositions suivantes :

– Après une quinzaine d'années d'expériences difficiles dues essentiellement aux contingences techniques et aux tensions sur le marché du travail, les praticiens de la psychologie, tout spécialement ceux des ressources humaines, rencontrent une situation paradoxale : les organisations ont introduit une pratique plus collective de l'effort de production ou de prestation sous diverses formes (gestion, sûreté, qualification, mobilisation, intégration, culture entrepreneuriale), et elles doivent cependant adapter leur management à la diversité des potentiels et des projets de chacun de leurs membres. Une responsabilité plus élargie dans les nouveaux systèmes productifs et de services s'articule avec un processus d'intégration des différences interindividuelles.

– L'exercice professionnel des psychologues et des psychosociologues se voit sollicité pour des demandes croissantes, complexes, dans des domaines diversifiés ; en même temps, il souffre, et ce de haute époque, d'un déficit de légitimité. Entre les responsables de la production, de la finance, de la commercialisation, des ressources humaines, il existe un conflit incessant de reconnaissance ; l'humain est bien un enjeu dans les luttes d'influence entre ces responsables partagés dans leurs décisions, leurs craintes et leurs espoirs. L'avenir d'une organisation passe par le politique et le pouvoir.

– On observe un découplage entre le diplôme obtenu et l'emploi occupé. Si pour être accrédité il faut un diplôme de 3e cycle – un DESS ou un DEA –, ce qui représente la compétence minimale imposée, néanmoins les titulaires ne seront pas, dans leur majorité, des psychologues ou des psychosociologues professionnels. Toutefois, ces derniers seront rarement sans emploi. L'offre de débouchés et de métiers apparaît plus large et plus opaque que celle des seuls praticiens patentés. Ils prodigueront leur art sans en afficher le titre, dans des fonctions, des lieux et des perspectives sans franche visibilité.

La psychologie des années 1990, tant du côté des disciplines que des pratiques, semble parvenue à un tournant. Un praticien doit pouvoir élargir son champ, au-delà des disciplines et des fonctions, et s'aider des apports significatifs des autres sciences sociales.

I

MISSIONS : DOMAINES DE QUALIFICATION, CHAMPS D'APPLICATION

A – Les domaines de qualification dans les métiers du conseil

La psychologie participe de tout échange humain et ne reste certes pas réservée aux seuls domaines traditionnels, ni à la seule fonction « direction de ressources humaines », en ce qui concerne plus particulièrement la psychologie sociale. Elle déborde par nature les frontières formelles dès l'instant où toute entreprise individuelle ou collective se trouve impliquée. Toutefois, il existe bien des activités et des savoir-faire spécifiques dans lesquels la psychologie voit se développer un capital d'expériences, de méthodes, d'outils. Les praticiens ont construit un espace composé de légitimité politique, de spécialisation opérationnelle, d'utilité économique.

Voici la liste des domaines de qualification établie par l'Office professionnel de qualification des conseils en management (dite guide OPQCM)[a], avec des exemples concrets.

Une mission[b] ***de diagnostic humain*** (4.1) a pour objectif la reconstitution des systèmes d'acteurs * et de leurs interactions, des phénomènes dysfonctionnels dans le cas de conflit ou de crise ; l'analyse des potentialités de

---

a. L'OPQCM délivre des labels de qualité aux sociétés de conseil en management et ingénieurs conseils.

b. Nous utilisons le mot « mission » pour désigner l'acte professionnel de l'intervenant extérieur qualifié. Il est utilisé dans les activités d'audit, de conseil et de plus en plus dans la gestion des compétences et le développement des ressources humaines au sein de l'entreprise.

changements, de groupes de métiers, de fonctions, de catégories socioprofessionnelles, de cultures de travail. Cette mission, à la demande de son client « patient », réalise un tableau clinique de l'organisme (ici de l'organisation ou d'un sous-ensemble), repère ce qui ne fonctionne pas ou fonctionne de manière insatisfaisante, propose une réponse (la cause du problème), et enfin recommande un avis. Par la suite, l'intervenant peut être amené à suivre la mise en œuvre.

L'analyse stratégique (4.2) a pour objet la combinaison des objectifs et des moyens, en situation de contraintes et d'opportunités, que s'efforce d'optimiser une entreprise donnée. Elle s'appuie sur un diagnostic de l'organisation et de son environnement, sur la place occupée par l'appréciation de la compétence collective dans le développement social et la performance économique. Un exemple : lorsqu'une structure publique (un ministère de l'État, un hôpital, une commune) souhaite améliorer ses services en direction des usagers, elle se voit confrontée à un double enjeu : à la fois proposer de nouvelles prestations de qualité améliorant le sort des individus et, simultanément, en repérer les incidences au sein même de l'institution, et ceci aux divers niveaux : métiers, compétences individuelles et collectives, styles de direction, cultures du travail, structures, routines. Autre exemple : une entreprise de taille moyenne dans l'habillement choisit une politique d'organisation de la production impliquant des horaires flexibles, une annualisation du temps de travail, une implication élevée, des rémunérations moindres pour le personnel.

Cette stratégie peut susciter des attitudes d'intégration ou de rejet de la part des opératrices, des syndicalistes, de la hiérarchie, en articulation avec les contraintes du nouveau système productif, avec des conséquences sur la culture d'entreprise et le devenir d'un potentiel humain s'orientant vers la polyvalence.

Les missions de gestion des ressources humaines, de rémunération, de classification, d'autorité et de management, de conflits, de communication, semblent suffisam-

RESSOURCES ET STRUCTURES HUMAINES

Développement et mise en œuvre de stratégies de ressources humaines.
Études et développement des structures humaines et de communication à l'intérieur de l'entreprise.
Systèmes de gestion de l'ensemble des ressources humaines

4.1 *Diagnostic humain.*
Audit social, analyse du climat social et de la situation d'un encadrement face à sa fonction de commandement et d'animation des personnes.

4.2 *Stratégie humaine.*
Étude et mise en place d'une stratégie des ressources humaines face aux besoins en matière de développement, de restructuration ou d'évolution de l'entreprise et du potentiel existant.
Audit de structure.

4.3 *Gestion des ressources humaines.*
Étude et mise en place de systèmes de gestion des ressources humaines et des procédures associées (accueil, mobilité, formation, promotion, évolution de carrière, etc.).

4.4 *Rémunération.*
Étude et mise en place de systèmes de rémunérations et/ou d'intéressement et des systèmes d'évaluation et d'appréciation associés.

4.5 *Classification.*
Évaluation et définition de postes de travail.
Spécification de fonction.

4.6 *Exercice de l'autorité.*
Assistance à l'encadrement pour l'aider à mieux exercer son autorité, à mieux maîtriser la conduite de réunions et d'entretiens individuels.
Entraînement à la négociation, à la communication.

4.7 *Conflits sociaux et humains.*
Assistance à la Direction et à son encadrement face à des conflits sociaux ou des situations susceptibles de devenir conflictuelles (réduction d'effectifs, mutations technologiques profondes entraînant modification des méthodes de travail et des qualifications, restructuration, fusion, etc.).

4.8 *Communication interne.*
Étude et mise en place de systèmes de communication interne.

4.9 *Mobilisation des ressources humaines.*
Étude et mise en place d'actions visant à améliorer la cohésion du corps social de l'entreprise et l'implication des exécutants (démarches « Décentralisation », « projet », groupes de progrès, groupes d'amélioration qualité, cercles de qualité, etc.).

4.10 *Recrutement.*
Étude de poste. Examen et bilan de personnalité. Promotion interne.
Conseil en stratégie, rédaction d'annonce et choix des médias.
Recherche de candidats, par annonce et/ou par approche directe ou tout autre système répondant aux nécessités du marché ou de la fonction.

4.11 *Formation.*
Générer une équipe performante pour faire face aux besoins présents et futurs de l'entreprise.
Étudier et mettre en place des systèmes de formation.

4.12 *Out placement – In placement.*

ment explicites (4.3 à 4.8). Les missions relatives à l'implication des acteurs et à la cohésion (4.9) concernent les dispositifs participatifs, la mobilisation des salariés.

L'activité de recrutement (4.10) est cyclique, dépendante des tensions sur le marché du travail, de la conjoncture, en lien étroit avec le sentiment d'optimisme (ou de pessimisme), de visibilité (ou d'opacité) de l'avenir de la part des décideurs et des investisseurs. La variable main-d'œuvre reste tributaire d'un modèle managérial de la segmentation flexible en vue de maîtriser les coûts salariaux, d'exploiter la plasticité de la ressource humaine en fonction de la demande.

L'ingénierie de la formation (4.11), c'est-à-dire l'étude des besoins, l'architecture, la planification, la mise en œuvre, l'évaluation, participe de plus en plus à la réussite socio-économique. Exemples : un entraînement au travail en équipe, à la négociation, à l'autorité, à la communication, à la prise de décision, à la résolution de problèmes, au management, à la relation secrétaires-cadres, à l'expression écrite et orale, à l'entretien d'évaluation, etc. On aboutit de plus en plus à des formations aux disciplines psychologiques et sociologiques.

La gestion de crise durable, de restructuration, ouvre la voie aux activités de bilans de compétences, d'orientation professionnelle, de reconversions. La fin des modèles traditionnels de la carrière linéaire oblige une mise en œuvre de suivis personnalisés pour gérer la sortie d'un salarié (en particulier chez les cadres dirigeants) [4.12].

On ajoutera :

– le management interculturel (départ vers l'étranger et retour dans le pays d'origine, confrontation et gestion d'équipes internationales) ;

– le micromanagement : gestion d'un service ou d'un atelier, pilotage d'un projet, de produits ou de services nouveaux ;

– l'intégration du travail et de son organisation dans la conception des sites, des unités, des espaces, de l'architecture ;

– les projets d'intéressement du personnel, de mise en place d'horaires personnalisés ;

– la mise en place de systèmes d'emploi, de qualification, de métiers nouveaux ;

– l'analyse ergonomique* des conditions de travail, des risques majeurs ;

– les processus d'apprentissages individuels et collectifs, simples et complexes ;

– la gestion du stress, de la souffrance, de la crise, ou leur prévention ;

– les activités cognitives* et les systèmes-experts*, l'intelligence artificielle ;

– les processus d'efficacité et de rendement, de sûreté, de fiabilité, de sécurité dans les systèmes sociotechniques complexes et incertains, etc. ;

– les domaines de l'autonomie et de la dépendance dans leur travail des personnes handicapées, ou déficientes, ou limitées ;

– la question de l'exclusion, des niveaux limités de qualification, des compétences, des perspectives dans une entreprise ou une filière…

Le corps du management s'est d'abord constitué à l'échelon directionnel : stratégie et structures, budgets et produits, marchés et financements, etc. Or, à quoi bon une brillante stratégie sans la diffusion et la mise en œuvre subtiles dans les systèmes sociotechniques ; l'art du praticien est ici de promouvoir un micromanagement original et fin, totalement différent d'un macromanagement en modèle réduit.

Les domaines d'application de la psychologie du travail peuvent donc se définir comme des sources d'expertises et des réservoirs d'informations aux frontières de l'entreprise. Le travail demandé aux praticiens en ressources et structures humaines fait partie de ces activités à forte teneur conceptuelle susceptibles d'être mises à contribution et d'être incorporées au sein de l'organisation.

B – Une direction des ressources humaines

La complexification des nouveaux systèmes productifs et des réalisations tertiaires contribue à l'émergence de besoins et à la formation de demandes d'actes psychologiques ou psychosociologiques. Ce double souci de contrôle de l'incertitude (dimensions de prévision du temps et d'appropriation de l'espace) et de maîtrise de la complexité (dimension de la description des variables du changement) nourrit le sentiment du côté du management de vouloir percevoir et gérer ces foyers de transformations potentielles.

1. La fonction et les rôles du psychologue du travail.

Le contenu de la fonction « personnel et direction des ressources humaines » revêt les lignes suivantes (1) : l'administration courante, la gestion des ressources humaines, la formation, le développement social, la gestion des coûts du personnel, l'information et la communication, l'environnement et les conditions de vie au travail, les relations sociales, le conseil à la hiérarchie dans la gestion du personnel, les relations externes, l'image institutionnelle. Un psychologue peut intervenir dans ces missions, seul ou en équipe, sous la supervision d'une direction, en coordination avec ses collègues de la production, de la finance, de la commercialisation, de la qualité, etc. Il doit, à moyen terme, détenir une visibilité de cette dizaine de tâches, à défaut de toutes les maîtriser et de les réaliser (2).

L'expression gestion du personnel recouvre :
– la gestion prévisionnelle de l'emploi : programme de recrutement, embauches, plans de carrière et de promotion, mobilité, analyse des postes, évaluation des personnes ;
– la gestion des rémunérations, l'analyse et l'évaluation des postes, grilles de salaires, politique de rémunération, intéressement et participation.

La mission formation :
– la détection des besoins ;

– l'élaboration du plan de formation ;
– la mise en œuvre des actions de formation ;
– l'évaluation des résultats.

Le développement social :
– organisation administrative et industrielle ;
– définition des postes ;
– adaptation aux nouvelles technologies ;
– adaptation aux variations du volume d'activité ;
– projet d'entreprise ;
– méthodes participatives (cercles de qualité...) ;
– développement d'outils de participation financière (intéressement, participation, plan d'épargne, actionnariat).

Le développement social traduit donc l'aspect novateur de la fonction. Ainsi, chez *Rhône-Poulenc Chimie*, la fonction développement social fait partie intégrante de la fonction relations humaines au niveau des sites industriels ou au niveau de la DRH de chacune des divisions.

Les tâches d'information et de communication :
– la définition des publics et la conception des messages ;
– la gestion des moyens : journal d'entreprise, affichage, audiovisuel, réunions systématiques.

L'analyste du travail s'efforce de faire intégrer le travail et son organisation dans les différentes décisions de l'entreprise. En matière d'amélioration des conditions de travail, le responsable du personnel détient un rôle défini par les textes qui orientent son action auprès du comité d'entreprise et du comité d'hygiène, de sécurité et des conditions de travail. Le contexte étatique, sectoriel, professionnel apparaît de moins en moins pertinent relativement à l'approche du travail ; l'analyse et la négociation se pratiquent dès lors dans chaque entreprise.

La réglementation sociale en France et le système de représentation des salariés font de la mission « relations sociales » un domaine particulièrement important. Il touche aux problèmes de la représentation, de la négociation syndicale, de la consultation directe, de la participation des salariés.

La fonction de conseil interne auprès de toute hiérarchie intéressée recouvre :

– les procédures et méthodes de gestion de personnel ;

– le traitement des cas individuels (orientation de carrière, formation, etc.) ;

– la solution des conflits individuels ou collectifs.

Le titulaire de la fonction a des relations :

– avec l'Inspection du travail ;

– avec la Sécurité sociale ;

– avec le Conseil des prud'hommes et les avocats ;

– avec la Chambre union patronale - Syndicat patronal (comme représentant permanent de l'établissement ou en participant à certains travaux) ;

– avec l'enseignement secondaire et supérieur, technique, professionnel, général ;

– avec des homologues (dans le cadre de la corporation professionnelle).

Enfin, l'on doit encore évoquer l'image sociale de l'entreprise ; en tant qu'institution, elle ne fait pas que produire des biens ou délivrer des services, elle remplit aussi des rôles de « socialisation primaire » (en tant que creuset où s'intériorisent des valeurs et se nouent des liens sociaux) et de « socialisation secondaire » (en tant que foyer de diffusion de ces valeurs vers l'extérieur où elles se déploient). Elle contribue à l'éducation économique et gestionnaire, à celle politique mondialiste ou nationaliste. L'analyse « sociale » va de pair avec la « gestion sociale » : comment détecter les problèmes sociaux et prédire leur évolution ? Dans quelle mesure l'entreprise doit-elle y répondre ?

2. Structures de la fonction et stratégie de l'entreprise.

Appelées à traiter des problèmes différents selon les entreprises, les directions des ressources humaines sont diversement structurées. L'organisation de la fonction reflète les préoccupations spécifiques des entreprises et comporte un « tronc commun » de services à disposition. La taille qui justifie l'émergence de la fonction varie avec la nature des problèmes de personnel.

Une population hétérogène posant des problèmes de gestion complexes (personnel détaché, expatrié) justifiera l'existence d'une DRH dès un seuil de 100 personnes. Une activité plus homogène (« montage » par exemple) entraînera un seuil plus élevé. Autour de deux cents personnes, le poste de DRH devient l'un des postes clés de l'équipe de direction car l'entreprise dispose dès lors d'un système de relations professionnelles complexes. Elle gère de vastes budgets dans le domaine social. La masse salariale représente des enjeux importants.

On peut distinguer sept postes différents (3) :

– le directeur des ressources humaines ;
– le responsable de la gestion des cadres ;
– le responsable de formation ;
– le chef de personnel d'un établissement ;
– le responsable de l'administration du personnel d'un établissement ;
– le chargé de recrutement ;
– le chargé d'études sur le personnel.

On y ajoutera des postes « neufs », correspondant à des prises en charge de dimensions élargies de la fonction, ou de la valorisation des domaines jugés « politiquement » majeurs : le chargé des relations avec les grandes écoles, les universités, les lycées ; le responsable des rémunérations et des avantages individualisés ; le responsable du développement social : missions de conception et de conduite d'un schéma directeur * des ressources humaines, d'intégration des facteurs organisationnels, humains et sociaux dans les projets en cours, observatoire social des mutations et des rigidités, renouvellement et développement des pratiques managériales internes (universités d'entreprises, etc.).

3. *Une fonction clé en quête de légitimité et de professionnalité.*

Ces nouvelles missions adossées à celles en place traduisent : la lente reconnaissance d'une fonction trop souvent mésestimée ou identifiée à l'administration du personnel, sa légitimité politique dans la stratégie de la direction, la dialectique interne-externe dans l'investissement de l'image et de la communication. Toutefois, il serait naïf de tracer des lignes porteuses du paysage par trop agréables car celui-ci s'est modifié avec les décennies successives, la gestion d'une crise économique d'exception, l'environnement inamical.

La variété des missions, leur complexité, leur impact, démontrent que cette diversité nécessite une qualification, une spécialisation dans la conduite de pratiques qui ne s'improvisent pas et qui ne peuvent être délaissées à d'autres. Toutefois, la montée du professionnalisme et du crédit accordé aux praticiens par des clients internes comme externes ne peut faire oublier le fait que la variable humaine et sociale reste tributaire d'une légitimité politique fragile, d'une conjoncture économique incertaine. Paradoxalement, si l'importance donnée aux ressources humaines se maintient, elles restent structurellement inscrites dans la famille des fonctions d'organisation de rang intermédiaire et loin d'être définitivement rangées dans les fonctions stratégiques.

Autrement dit, les débouchés et missions que l'on peut ranger dans la famille d'activités dites opérationnelles ou encore stratégiques, c'est-à-dire celles qui directement traduisent la vocation économique de l'entreprise, qui mobilisent l'actionnaire, le client ou le consommateur, se caractérisent par leur meilleure visibilité à court et à moyen terme, d'une part, par leur capacité de remplir un rôle de foyer d'attention au sommet de l'organisation, d'autre part. Cette situation a une origine double : des savoirs particuliers et des méthodes nouvelles à intégrer à la psychologie et la spécificité même de ce champ social. Ceci se vérifie dans n'importe quelle configuration d'organisation :

– une structure de petite ou de moyenne importance ;

– une structure en divisions (comme les grandes firmes internationales) ;

– une structure mécanique hiérarchisée (comme dans l'automobile ou l'énergie) ;

– une structure professionnelle (comme c'est le cas dans un hôpital ou un établissement d'enseignement) ;

– une structure innovatrice (comme une compagnie cinématographique ou une société de conseil).

Sauf cas particulier ou situation d'exception – en raison de l'histoire de l'entreprise ou de l'impulsion d'une personnalité influente – il est patent que la variable humaine ou sociale reste incorporée dans une dimension institutionnelle. La jurisprudence implique une « hiérarchie privée », officieuse mais chronique, traduisant une domination de l'instance opérationnelle * sur celle fonctionnelle.

II

ART : RÔLES, PROCESSUS, MÉTHODES

Il est désormais opportun de situer les conduites des praticiens des ressources humaines en entreprise en terme de statut et de rôles attendus et assignés. On s'accorde à considérer les actes professionnels comme relevant d'un art à l'ancienne mode et à les traiter à travers les notions de partenaires et de processus.

A – Statut du praticien : interne ou externe

Une lecture topographique conduit à une distinction aisée entre la position interne ou externe dans un domaine donné ou une fonction.

La position d'extériorité est décrite dans les domaines d'application OPQCM ; elle se situe en coproduction avec des organisations voulant recourir à une expertise ou un accompagnement de projet, en provenance de l'extérieur de l'institution.

La position interne de l'individu ou de l'équipe qualifiée peut se résumer, quant à elle, à une assistance à l'ensemble des hiérarchiques opérationnels, à la mise en œuvre de leurs projets, qu'ils soient technologiques, organisationnels, commerciaux, sociaux. Le praticien interne répond à la demande (ou la commande) de ces interlocuteurs et propose toute démarche qui lui paraît appropriée : expertise, diagnostic, audit, évaluation, formation, accompagnement, etc.

Le psychologue du travail fait alors partie de l'entité au sein de laquelle il intervient. Toutefois, il n'appartient pas au sous-ensemble demandeur, et il n'a pas d'autorité formelle directe sur les propositions de changements ou d'actions : ces décisions relèvent de la hiérarchie ou du responsable. L'action de conseil ainsi définie et la position de l'intervenant relèvent d'une situation fonctionnelle.

Le praticien peut donc faire partie ou bien de la partie « technostructurelle » de l'organisation, celle présidant à la conception et à la rationalisation de la production ou de la prestation, à la planification et l'étude – comme c'est le cas de la stratégie en ressources humaines ou de l'ingénierie en formation ou en développement social – ; ou bien de la partie dite de « support logistique », dont la vocation est de fournir à discrétion des services sur mesure, comme les missions de recrutement, d'orientation professionnelle, de bilans de compétences, d'évaluations (4). On trouvera un praticien en sciences humaines au cœur du dispositif de conception et de suivi des schémas directeurs *, de l'activité stratégique de son organisation ou bien l'on trouvera un praticien en prise avec les services fonctionnels relatifs à l'environnement et à l'infrastructure.

Ainsi de l'exemple fort suggestif et bien traduit du pôle de consultation interne à Rhône-Poulenc (5). Au sein du service Développement des ressources humaines, l'auteur-praticien décrit ses rôles : écouter des personnes en situation d'encadrement dirigeant, former des groupes, assister la conduite d'innovations ou de diagnostics, conduire des études, servir d'expert pour des experts, ou de spécialiste pour des spécialistes (ainsi, devenir prescripteur en vue de recommander ou non des praticiens externes). Deux dimensions clés s'observent : une implication éducative, une contribution à l'intelligence collective de l'organisation.

Cette position détient une portée et une limite : le praticien perçoit comme difficultés le fait de se trouver en position stratégique centrale et, à ce titre, de perdre de vue la base, la hiérarchie, la représentation syndicale ; de se trouver en situation de cible soumise aux engagements de moyens et de résultats sous la pression latente des demandeurs ; de perturber les coalitions en place, de faire

…e à telle organisation syndicale ou direction ; …naître l'organisation mais aussi de manquer de … ou de se prêter aux connivences internes.

…jectifs assignés : faire un état des lieux, connaître les possibles et les contraintes des acteurs et des usagers ; saisir la culture et les forces sociales du site donné ; souligner les opportunités, les ouvertures comme les fermetures. La conduite de telles actions suppose une procédure qui s'affiche et qui s'impose par sa notoriété avec le temps et les expériences. Le praticien crée une labellisation de sa stratégie d'approche de sa position interne en définissant un cahier des charges précis et exigeant.

B – Les partenaires et le processus

Le praticien rencontre toujours la question de sa méthode propre qu'il développe. Il ne peut exercer sans qu'un demandeur lui formule une préoccupation, une difficulté ou bien un intérêt. Pour qu'un processus s'engage et que des rôles s'inscrivent, il est nécessaire de clarifier les places de chacun : le praticien, le demandeur, le commanditaire, le client, le système-client ; l'analyse politique d'une part, l'analyse clinique d'autre part [(6)]. Cette question requiert l'examen des points suivants :

– le repérage des frontières et de la dynamique interne-externe du système-client ;

– les caractéristiques fonctionnelles, hiérarchiques et politiques des destinataires ;

– les conditions de réalisation de l'intervention ;

– les effets cliniques de la mission sur les acteurs.

On peut présenter l'acte du praticien du travail comme un processus composé [(7)] :

1. Une série d'opérations : des étapes définies, indispensables pour une mission donnée, fixées entre le praticien, sa société ou sa direction interne, et l'organisation cliente. Par exemple, les six ensembles d'étapes d'une intervention de conseil : l'entrée, le contrat, le recadrage, la planification, l'implantation, l'évaluation.

2. ***Un enchaînement logique*** : Une succession conçue, opérationnelle, cohérente, des phases clés… L'enchaînement n'est pas toujours linéaire, parfois circulaire, au sens où il y a reprise d'opérations antérieures. Dans le cas de missions types développant des « produits » standardisés, on observe un quasi-protocole régulier et transférable. Dans le cas de missions *ad hoc*, le transfert du savoir-faire se complète d'un processus sur mesure ou encore contingent à l'organisation cliente.

3. ***Une mise en mouvement*** : une mission se veut active, dynamique entre le système praticien et le système client.

4. ***Une transformation*** : toute mission est intentionnelle : comme on ne peut pas ne pas communiquer, on ne peut pas ne pas influencer. La mission, en tant que processus, permet un passage d'une situation d'entrée à une situation de sortie.

5. ***Une singularité*** : la pratique ou la mission repose sur une indissociation entre le praticien et son style d'intervention. C'est la méthode qui qualifie le mieux le praticien et son style propre, de même que la société de conseil et son « avantage concurrentiel ».

C – Les rôles et les objectifs des praticiens : un dilemme

Le dilemme initial du processus engagé se situe entre le fait de prodiguer un conseil, c'est-à-dire d'affirmer à autrui ce qu'il devrait faire, et donc de jouer le rôle de l'expert ou du médecin et le fait d'aider le client demandeur à comprendre que la solution se trouve en lui et de lui proposer d'en faciliter la recherche et la mise en œuvre.

L'intervention du praticien repose originellement sur une intention de transformer par l'action (8). L'intention de base peut être déclinée à l'aide du modèle tridimensionnel de E. Schein (9).

1. L'expertise ou la quête de vérité.

• *Demande type du « client ignorant »* : « Voici mon problème : apportez-moi une réponse, comment faire et combien ça nous coûte ? »

• *Besoin latent* : « Je vous en supplie, ôtez ce problème de ma vue, allégez mes épaules et prenez-le sur les vôtres, je vous paierai pour cela, vous qui pouvez le porter. » Le client n'est plus le problème, la solution ne réside pas en lui et il peut consacrer son attention à une autre chose jugée plus importante ; il est rassuré parce qu'un spécialiste semble contrôler la situation.

• *Postulats* :
– le client a correctement perçu et formulé sa demande ;
– le client a correctement choisi le consultant capable de résoudre le problème ;
– le client a correctement communiqué le problème et la nature de l'expertise sollicitée ;
– le client a correctement apprécié les conséquences et accepté les résultats potentiels du fait d'obtenir l'information voulue.

• *Contre-indications du modèle* :
– lorsque les quatre postulats ne sont pas vraiment remplis ;
– lorsque la situation est complexe, ambiguë, « chaude », évolutive ;
– les limites des ressources internes du consultant et de la société de conseil.

Pour E. Schein, le travail de l'expert se manifeste essentiellement dans la pratique d'audit ou d'ingénierie sociale. Son art use d'une rhétorique fondée sur les notions de vérité, de besoin et de scientificité. Il tire sa légitimité de savoirs à la fois dits éthiquement neutres, indépendants et universels. Le client déplace sur le consultant un problème dont il figure l'un des constituants, et inverse la relation en « conseillant » au consultant qu'il est préférable pour lui de devenir la difficulté pour mieux la résoudre. Par un curieux retournement, le consultant devient le problème, sa source et sa résolution. Un tel paradoxe ressemble fort à une aporie. En fait et paradoxalement, plus le problème paraît complexe et potentiellement encombrant, moins l'intention d'expertise paraît justifiée. Plus il paraît « simple » – autrement dit, moins le client peut rejeter la démarche ou faire appel à une contre-expertise –, plus il peut se trouver résolu par la procédure d'expertise.

2. *La position médecin-patient ou la quête du mal.*

• *Demande type du « client-patient »* : « Notre organisation connaît des dysfonctions. Nous souffrons de difficultés, dites-nous ce qui se passe, quelle en est l'origine, et quel en est le remède ? »

• *Besoin latent* : « S'il vous plaît, notre souffrance est intolérable. Nous avons vraiment besoin d'être écoutés, compris, et qu'on nous apporte une aide thérapeutique. » Le client-patient délègue au praticien-thérapeute non seulement le choix d'une intervention, mais d'abord le diagnostic de la maladie et sa cause. Comme chez l'expert, le praticien prend le problème sur ses épaules et permet au client de se tranquilliser, de s'imaginer que la solution ne réside pas en lui mais ailleurs et que quelqu'un d'autre s'emploie à la découvrir.

• *Postulats* :

– l'acte du diagnostic est correctement perçu par le client comme une aide et non pas comme une perturbation ;

– le client a ressenti de plus en plus fortement un ensemble de symptômes ou/et un seuil de dysfonctions intolérables. Il a correctement interprété la variété et l'importance des manifestations comme autant de signes d'alerte ;

– le client lui-même et ses proches se perçoivent en réelle difficulté et restent disponibles pour révéler les informations pertinentes, pour effectuer un diagnostic valable, autrement dit, ils ne sont pas en position d'omettre des informations, de mentir ou d'exagérer ;

– le client est en mesure de comprendre et d'interpréter de façon correcte le diagnostic formulé, pourra entendre toute recommandation prescrite et pourra s'y engager ;
– le client ne s'auto-attribue pas de symptôme à un point tel de chronicité que la prédiction se réalise ;
– le client pourra croire qu'il sera en bonne santé après le départ du praticien.

• *Contre-indications* :
– une situation irreprésentable et indicible (rapport au réel impossible ou dénié) ;
– une impossibilité de s'accepter dans un état de maladie (peur du diagnostic) ;
– une médication impossible pour des motifs internes ou externes (des effets imprévus ou pervers) – « la tisane est amère » – ;
– l'auto-persuasion de la difficulté irréversible (victimisation et défaitisme).

3. Le modèle de l'intervention dynamique.

• *Contexte du client* : « Voici ma situation, ce que j'observe et je souhaite ; j'ai besoin d'une intervention et je veux y participer, en garder le contrôle, exploiter mes ressources propres. » Un exemple : une entreprise PME-PMI régionale en phase de réflexion stratégique. Le système-client reste propriétaire de son problème et en assure la propriété tout au long de l'intervention.

• *Besoin latent* : « Aidez-nous à mieux comprendre ce qui nous arrive et pourquoi, et facilitez-nous la tâche d'en repérer les données. C'est notre problème, mais aidez-nous à y travailler et à le résoudre par nous-mêmes. » À la différence des deux modèles précédents, le client garde le fardeau sur ses épaules : il est actif dans le processus.

• *Postulats* :
– il est impossible de séparer l'analyse de la situation (diagnostic) et le processus d'intervention lui-même. L'entretien avec l'intervenant et la présence de ce dernier figurent autant de formes d'intervention, de messages de compréhension ou de confort ;

– le mode d'intervention développé est plus déterminant que le type de diagnostic choisi ;

– le style du praticien et le style de direction sont étroitement liés : « À une configuration d'organisation s'applique un processus d'intervention » (cf. H. Mintzberg). On assiste à une coproduction des représentations partagées, des repères, des cartes d'orientation, des pratiques en usage de part et d'autre ;

– le client veut « apprendre à apprendre », c'est-à-dire devenir capable d'intervenir sur sa propre démarche ;

– l'intention du « praticien catalyseur » vise à faire apparaître au client tout ce qui dans une action ne relève pas des buts qu'il se fixe, ou encore de faire percevoir le décalage entre le professé (*espoused theory*) et le pratiqué (*theory-in-use*) et leur degré d'incompatibilité (10).

• *Contre-indications du problème* :

– une inclinaison affichée du client pour l'expertise ou pour la thérapie ;

– une inclinaison marquée du client vers une intervention courte, « économique » ;

– une situation d'exception dans l'organisation cliente : conflit, survie, crise, etc.

Dans ce dernier cas, l'ambiguïté est telle que le client souhaite plus une expertise ou un diagnostic immédiat qu'une implication élevée dans le processus même d'intervention. Parfois, la « culture » organisationnelle est elle-même source de freinage : ainsi une bureaucratie, par surcroît de réglementation et de routinisation, préférera ne pas trop s'engager dans un processus dynamique et inclinera volontiers vers l'expertise ou le diagnostic.

Le « praticien catalyseur » ne peut faire perdre la face au client (E. Schein) : en effet, l'expertise déclarée peut laisser à penser au client qu'il n'est pas à la hauteur par déficit de connaissance ; et de même, la stratégie thérapeutique par trop professée peut laisser à penser au client qu'il est un « organisme malade » ; par contre, la pratique dite dynamique préserve les marges de liberté de chacun. Elle précise trois rôles que les praticiens peuvent jouer alternativement, en fonction des situations en cause.

III

AVAL : DÉBOUCHÉS, PROFESSIONNALISATION, COMPÉTENCES

Considérons un psychologue récemment diplômé et observons-le s'orienter dans le maquis des débouchés, exploiter son réseau, valoriser ses stages. Que devient-il et comment construit-il le lien entre les connaissances et les méthodes, entre sa qualification et les missions qu'il remplit ?

A – Que sont les anciens devenus ?

Un moyen puissant de vérifier la robustesse de notre démonstration d'ensemble consiste à examiner certaines données empiriques[a]. Une lecture des emplois et des fonctions est du plus haut intérêt pour apprécier l'intégration de jeunes professionnels, la pénétration des disciplines et des méthodes dans les organisations et leur légitimation auprès des dirigeants. Les principaux débouchés sont les suivants :

– les grandes entreprises industrielles, bancaires, d'assurances, qui ont besoin de *chargés d'études* ou d'*assistants* ou de *chargés de mission,* dans les activités de recrutement, de formation, de communication, de mobi-

a. Nous appuierons ce dossier sur les sorties d'anciens du DESS de psychologie sociale de l'IPSA (Institut de psychologie et de sciences sociales appliquées) de l'Université catholique de l'Ouest à Angers, créé en 1980 ; et consulté les annuaires d'anciens de DESS et de DEA avec lesquels nous collaborons.

lité, de gestion du personnel, d'orientation professionnelle, de bilan de compétences, etc. ;

– les trois fonctions publiques (étatique, hospitalière, territoriale) dans les mêmes activités, avec de surcroît un accompagnement de projets spécifiques de modernisation des services ou des établissements ;

– les grands établissements publics (EDF, GDF, PTT, SNCF, RATP, etc.) qui investissent dans des structures de conseil interne et de services envers leurs usagers ;

– les sociétés de conseil de grande et de moyenne taille orientées vers le management, les structures et les ressources humaines, qui engagent des chargés d'études, des assistants appelés « juniors ». Ils collaborent à ces missions sous la supervision de seniors chefs de projet ou de directeurs associés et à la recherche de voies nouvelles concernant le management, la gestion des ressources humaines (recrutement, carrière, formation, communication, qualification, métiers, gestion des mutations industrielles et des services) et les relations sociales ;

– les organismes de formation continue qui demandent des formateurs spécialisés dans les sciences humaines et en direction des nouvelles formes de management et des changements des organisations ;

– les compagnies consulaires (CCI et Chambres de métiers aux niveaux régional et départemental), des organisations professionnelles et patronales ou syndicales salariées orientées vers des services aux entreprises, aux adhérents et aux sous-structures en matière de conseil, de formation, d'études, d'observatoires, d'accompagnement de projets, de création d'entreprise ex-nihilo, d'entreprises alternatives ;

– les services publics de l'emploi, de la formation professionnelle, de l'orientation, de la famille, de la marginalité comme les structures décentralisées de l'ANPE, de l'ASSEDIC, du travail et de l'emploi, de l'AFPA (Association pour la promotion des adultes), du GRETA (Groupement régional d'établissements techniques et administratifs), de la CAF (Caisse d'allocations familiales), de l'ADMR (Association pour le développement du milieu rural), de la CRAM (Caisse régionale d'assurance-maladie), les structures de réinsertion par le travail des handicapés et chômeurs de longue durée ; l'analyse ergonomique et la transformation du travail (ANACT (Agence nationale pour l'amélioration des conditions de travail) et délégations ARACT (Agence régionale pour l'amélioration des conditions de travail) ;

– les activités de « tertiaire relationnel » : services de proximité, requalification, alphabétisation, mesure d'aide à l'emploi ou à l'embauche en faveur des jeunes. Elles visent des travaux d'utilité collective, les programmes d'insertion locale pour les femmes, les préretraités et les retraités, les services du type guichet unique pour les usagers. Les dimensions du travail et de l'emploi se trouvent ici enchâssées dans celles de l'éducation, la santé, le vieillissement, l'usure, la marginalisation, l'action sociale. Ces services socialisateurs sont, si l'on en croit les socio-économistes, des gisements d'emplois et de spécialisations à moyen terme [11] ;

– enfin, les structures parapubliques ou associatives orientées vers les observatoires, les études de filières d'activités, de développement local et régional, d'expertise, de professions, de métiers, d'exportations, d'aménagement, de planification, d'aide à la décision. Ce sont les cellules sociales et économiques des Comités d'expansion économique départementaux, celles des conseils régionaux et des départements, celles des sociétés d'aménagement urbain ou d'équipement dans les villes, les communautés urbaines, les agglomérations, les regroupements de communes en zones rurales.

B – Statuts distinctifs et développement de carrière

Un débutant peut avoir diverses qualifications : chargé d'études, chargé de mission, assistant sous la responsabilité hiérarchique et fonctionnelle d'un responsable d'un métier ou de plusieurs métiers ; ainsi, à titre d'exemples, le recrutement, les études, la mobilité des personnels, la formation qualifiante, etc. Il a entre plusieurs mois (huit mois) et une année environ pour devenir opérationnel ; deux années suffisent pour identifier le jeune professionnel comme « potentiel » interne afin d'évoluer vers une fonction proche de celle occupée ou vers une responsabilité plus élevée ou plus large.

Quelques définitions de termes [12] :

Une *activité* est un ensemble de tâches qui concourt à un résultat attendu et précis.

Une *mission* est un acte professionnel complet mobilisant des ressources, des compétences, un processus, prodigué par un spécialiste à la demande d'un client.

Un *emploi* est l'ensemble des activités permanentes ou occasionnelles que réalise effectivement une personne.

Un *poste* détient un contour d'activités à périmètre constant (on dit alors qu'il est prescrit) ou bien à périmètre lâche (on dit alors qu'il est flexible).

Une *compétence* est la capacité chez un sujet ou un groupe, à utiliser des connaissances, des savoir-faire, pour maîtriser une situation professionnelle, pour obtenir des résultats attendus et intégrer des résultats inattendus, pour se renouveler (ou apprendre à apprendre).

Un *métier* est un ensemble de toutes les activités concourant à un objectif collectif et regroupées selon les caractéristiques techniques, celles de savoir-faire, les connaissances de base qu'elles représentent. Par exemple : les achats, l'ordonnancement, la qualité ; ou la formation, la gestion des emplois, etc. Ces ensembles s'insèrent dans les métiers de base de l'entreprise : la fabrication d'un produit pour une usine, la prestation d'un service pour une administration, la gestion d'un flux pour une banque.

1. Un praticien a toujours intérêt – le principe est préjudiciel – à construire son métier et à le faire valider par une double confrontation avec ses pairs spécialistes confirmés et avec ses « clients » internes ou externes, et ce en lien direct avec la partie opérationnelle ; celle-ci est la partie clé de l'organisation où se capte la valeur ajoutée, où se fonde l'identité de la firme, où se vérifie la vocation économique et politique, où se fixe la cohérence finalité-objectifs-moyens, où le praticien en sciences humaines doit rassembler ses capacités, réfléchir sur sa pratique, traduire son expérience.

Le théorème de l'efficacité professionnelle reste celui-ci : plus un praticien est en rapport direct et de proximité avec le(s) métier(s) de base d'une organisation déterminée, plus il gagne à moyen terme en professionnalisme et plus il construit son métier (proposition 1) ; l'éloignement du praticien par rapport au(x) métier(s) de base de l'organisation a pour conséquences une perte de professionnalité pour soi et une perte de légitimité (proposition 2). Le crédit inspiré (proposition 1) ou le manque de confiance suscité (proposition 2) constituent les deux membres de l'alternative.

Dans ces conditions, un praticien peut envisager une mobilité interentreprises, interétablissements, géographique, le conduisant à des fonctions de responsable des ressources humaines, de formation, de recrutement, de gestion du personnel, de prévision des emplois. Il gère un service, détient une autorité hiérarchique, et occupe une place clé dans la technostructure en appui des autres services et départements de l'entreprise. De cinq à sept ans sont nécessaires entre le premier emploi et la première situation de responsabilité.

2. La situation est un peu différente dans les sociétés de conseil en structures et ressources humaines. Au bas de l'échelle, se trouvent deux catégories d'acteurs : les chargés d'études et de recherches et les consultants juniors. Le junior est placé devant un défi : montrer ses facultés comme signe de probité socioprofessionnelle dans un contexte donné, tout en aménageant des espaces d'acquisitions en vue de fournir les critères légitimes de reconnaissance de la part de la hiérarchie et espérer peut-être poursuivre une carrière dans le conseil.

Passé ce stade, il devient senior, c'est-à-dire opérationnel et autonome sur le terrain. Il détient la responsabilité de missions lui permettant de gérer les dossiers, les études, les interventions et de coordonner les activités des juniors et des chargés d'études et de suivre l'avancement des contrats. En plus des qualités de conception et de réalisation, se développent celles d'entrepreneuriat.

C – Titres de professions et langages de métiers

Le titre de psychologue du travail n'a été reconnu formellement que dans les structures publiques (fonction publique d'État, hospitalière ou collectivités territoriales) et les grandes firmes. Partout ailleurs, ce titre n'existe pas. Ce n'est ni un privilège ni un déficit, mais c'est un fait. Pourquoi ? Historiquement, seules les structures de type « bureaucratie mécaniste » [13], comme par exemple dans l'industrie (construction automobile), les services (compagnie aérienne), les services publics (un système postal national ou de transport ferroviaire, une prison) ; de type « structure divisionnalisée » comme par exemple dans l'industrie (cimenterie, agro-alimentaire, métaux de base – acier, aluminium –, énergie), le tertiaire (assurances, banques), les administrations centrales de l'État (armée, finances, santé, travail, formation professionnelle) ; de type « bureaucratie professionnelle » comme les grands hôpitaux publics, les universités, les grandes écoles professionnelles, les organismes d'action sociale, les sociétés d'expertise judiciaire ou comptable, ont édifié des structures de support logistique et recrutent des psychologues en titre spécialisés.

Il est intéressant de noter la manière par laquelle la corporation des psychologues fait une présentation officielle de la psychologie contemporaine [14] :
– la psychologie au service de la SNCF ;
– la police nationale ;
– l'Association nationale pour la formation professionnelle des adultes ;
– les centres de psychologie du travail des Caisses régionales d'assurance maladie ;
– le marketing ;
– les examens de sécurité ;
– le conseil en ressources humaines.
On y ajoutera l'armement, la navale, l'armée, la Poste, EDF-GDF, les établissements publics, etc.

Cette présentation institutionnelle appelle les commentaires suivants :

– ces domaines d'application s'effectuent dans trois structures bien identifiables ;

– ces structures, peu ou prou, se trouvent régies par un idéal-type bureaucratique, une culture formelle et légale, une tutelle et une prise de décision centralisées ;

– ces fonctions restent sous tutelle de la puissance publique qui, en retour, leur procure un monopole de la formation professionnelle universitaire des psychologues ;

– ces fonctions s'inscrivent dans des configurations dont les vocations de service public et les missions propres amènent à développer une obsession du contrôle, du réglage, de la sûreté, de la fiabilité. Ces structures sont soucieuses d'optimiser ces critères y compris dans les domaines des sciences humaines ; en retour, celles-ci ont développé des protocoles rationalisés (tests, logiciels, entretiens, suivis, échelles, etc.) sous forme d'une « techno-science psychosociale » maximisant ces critères et répondant à cette obsession du contrôle interne et externe.

Par induction, on peut reconstituer un principe à partir de ces constats de correspondance entre ces configurations et la reconnaissance par le titre : un praticien habilité a d'autant plus de chances que sa formation et son titre soient accordés, régis par une homologie langagière – des études de psychologie, un métier de psychologue – qu'il exerce dans une structure répondant aux trois types ci-dessus.

Ailleurs, le psychologue doit s'habituer à gérer une discontinuité entre sa formation initiale et son métier, entre son diplôme et sa fonction. Il y perd son titre : un praticien n'existe pas comme psychologue ou psychosociologue en titre, mais comme chargé d'études, assistant, puis responsable de l'emploi ou de la formation.

Les données concernant la carrière des anciens psychologues sont particulièrement significatives : plus on s'écarte des trois types d'organisation qui prennent en charge le titre de psychologue, et moins l'intitulé se voit reconnu et donc protégé. Un jeune praticien doit à tout coup abandonner son titre en recherchant à s'intégrer professionnellement, lors de ses stages, puis lorsqu'il entre dans des configurations entrepreneuriales ou innovatrices, ou encore lorsqu'il se trouve aux prises avec un environnement inamical. Les organisations contemporaines réalisent des modes de gestion, des choix d'organisation, des stratégies basées sur l'ouverture au monde extérieur, des produits, des flux ou des services nouveaux, plus ciblés ; elles s'engagent dans des voies complexes et incertaines. De ce fait, elles sont moins bureaucratiques, moins formelles et moins bien disposées envers des fonctions prescrites, des titres protégés ou des nomenclatures rigides ; toutefois, elles attachent autant d'importance, voire plus, à la compétence, à la qualification, et aux connaissances pérennes.

Un niveau de 3e cycle reste la référence, et l'ancrage universitaire non seulement ne fait plus peur mais il se voit investi de crédit pour sa robustesse et sa durée. Il est assimilé à un investissement car il supporte l'outrage du temps. Toutefois, une carte professionnelle ne mentionne que rarement un titre de psychologue du travail ou de psychosociologue ; elle mentionne ou une fonction, un site, une entreprise, une direction. Fortune et infortune d'une catégorisation ambiguë, « psychologue » ou « psychosociologue » : tel est le paysage contemporain d'un art et non pas d'une science.

La continuité langagière entre les disciplines et le titre supposerait deux conditions : le triple ancrage bureaucratique d'une qualification, d'une pratique et d'une fonction ; le postulat lourd et discutable d'une continuité entre la science de référence et les actes, d'une liaison directe des modèles théoriques et des applications, celles-ci étant mécaniquement déduites de ceux-là. À ce niveau d'analyse, ce postulat ne paraît plus aujourd'hui fondé et le contexte d'exercice des praticiens et de leur art s'est considérablement modifié.

D – Une classification des pratriciens et de leurs prestations

Quelques précautions de définition restent toutefois à prendre, quant aux distinctions de pratiques entre le conseil, le consultant, la consultation, l'intervention, l'audit et l'expertise.

Le *conseil* se définit comme un ensemble d'activités économiques et sociales conduites en continu par des opérateurs (entreprises et consultants) spécialisés dans la conception, le marchandage et la prestation de missions sous formes d'études, de diagnostics, d'interventions, d'expertises, de formations, à titre d'exemples.

Le *consultant* est l'acteur *a priori* qualifié pour mener à bien ces activités intellectuelles sophistiquées en coproduction avec des demandeurs et des clients. Ces prestations de conseil sont prodiguées dans un contexte organisé, institué et conventionnel qui structure et stabilise les stratégies et interactions des acteurs et des systèmes [(15)].

La *consultation* désigne une situation par laquelle les demandeurs sont en même temps les acteurs concernés par les résultats et l'action du conseil : on consulte pour soi. Historiquement, le terme de consultation proviendrait du Moyen Âge : il définissait le colloque restreint entre les seuls praticiens de la médecine en vue de confronter et de faire progresser les connaissances et les facultés de leur art, en exploitant des cas traités. Les patients en étaient donc absents. Par extension de l'usage du terme et de la pratique, la consultation a incorporé l'acte principal du praticien et ce faisant le sujet concerné.

L'*intervention* est une notion en provenance de l'ingénierie dans les organisations : elle qualifie une séquence de phases logiques et enchaînées selon une régulation serrée entre l'intervenant et son ou ses interlocuteurs liés dans un même champ. L'intervention dans les sciences de l'homme relève d'un art et non d'une science appliquée ; bien qu'elle s'appuie sur les acquis des savoirs disciplinaires, elle est à ranger dans la famille des pratiques professionnelles.

L'*audit* consiste à vérifier à un moment donné qu'une des fonctions de l'organisation est remplie avec efficience et efficacité, et ceci en conformité à une norme de qualité prédéterminée. L'audit implique donc le contrôle à la différence du conseil. En effet, l'audit institue un rapport codifié avec le passé d'une organisation donnée, alors que le conseil participe d'un rapport de l'organisation avec son devenir. Ces deux métiers restent bien distincts : l'audit sollicite des savoir-faire en lien avec une histoire et une conformité des états courants avec une norme d'usage incitative ; le conseil sollicite des savoir-faire en lien avec une projection tenant de l'ordre de l'incertain et du complexe.

L'*expertise* vise à apporter à l'entreprise une compétence technique fonctionnelle. Lorsqu'une organisation ne dispose pas en son sein de la ressource adéquate et jugée nécessaire, elle choisit de se la procurer à l'extérieur. Cette ressource se caractérise par une forte teneur en information : le débat en reste à un niveau technique, sectoriel, circonscrit. Toutefois, si ce profil d'intervention a connu un certain succès – de par sa proximité avec les idéaux rationalistes ou positivistes qui ont fondé les sciences médicales, juridiques et de l'ingénierie –, il paraît aujourd'hui insuffisant.

Chaque pratique correspond à des besoins déterminés, pour des demandes clientes toujours plus précises et plus exigeantes : un minimum de spécialisation et d'expertise est bien requis. Mais il ne suffit plus. La technicité n'est plus un argument suffisant et le praticien ne peut être un généraliste en tout. La mission en équipe qui s'appuie sur des métiers identifiés représente la tendance croissante : les experts sont intégrés à des équipes composées de profils variés, certains polyvalents, disposant d'expériences ou de connaissances plus étendues, fonctionnelles, opérationnelles, et sectorielles.

E – De l'intelligence de la pratique en sciences humaines, ou les compétences mises en œuvre

Les compétences recherchées chez un praticien se trouvent circonscrites et définies dans les termes requis par le recrutement et l'image institutionnelle de la firme. Au cœur de l'exercice professionnel exigé, on peut distinguer la mise en œuvre et le perfectionnement de cinq savoir-faire induits à partir d'une classification empirique [16].

La dissociation.

Cette habileté cognitive se définit comme la capacité de traiter séparément des éléments. L'art réside dans les aptitudes à recueillir, traiter et analyser des données à la fois produites par le praticien et/ou en provenance de l'organisation cliente, voire de bases de données existantes dans les institutions référencées. Elle fait appel aux techniques quantitatives, aux instruments sophistiqués pour un ensemble fermé de problèmes.

Toutefois, on peut enregistrer la part consacrée aux entretiens cliniques, aux travaux de groupe, aux observations participantes. L'avenir s'oriente vers le qualitatif pour quatre motifs : la demande de compréhension microéconomique et microsociologique des faits, celle d'accompagnement de changement, l'évolution vers des micro-études circonscrites et des budgets maîtrisés, le goût pour la mise en œuvre opérationnelle.

La résolution de problèmes.

La seconde qualité engagée par les praticiens se définit comme un ensemble de capacités à développer un mode de raisonnement, à fournir une méthode de traitement des éléments, de lecture différente des faits, d'élucidation des causes et de solutions plausibles.

Cette compétence consiste en l'identification et la correction d'erreurs dans l'environnement du praticien et de son organisation.

La communication.

La communication est un détour, au sens clinique du terme, c'est-à-dire une voie de passage obligée pour instituer un lien entre le système-client et sa propre réalité. La conduite de la relation entre le prestataire et le client, leur co-production de la mission sont autant de facteurs dont l'interaction a pour effet direct une situation de travail de transformation. Cette situation s'exprime en demandes, en besoins, en objectifs, en stratégie, et n'existe que par sa mise en mots.

L'interaction.

Le praticien doit se tenir au plus loin d'un fonctionnement affirmatif et développer un mode essentiellement interrogatif. Les facultés de type inductif (l'écoute, le doute, l'observation, la curiosité...) figurent au premier plan et les formations avancées en psychologie font preuve d'un important savoir-faire en ce sens. La valeur ajoutée ne réside pas dans une contribution circonscrite dans la filière ou le métier de l'organisation ; elle réside essentiellement dans l'élucidation des écarts, des incompréhensions, de la fragilité des acteurs, de la vulnérabilité des systèmes sociotechniques. Les rapports consultant-consulté, dirigeants d'entreprises - praticiens ne sont pas « naturels » mais « culturels » et exigent pour être vécus ouvertement, le développement de capacité relationnelles.

La régulation.

L'art de la mission comporte une part clinique irréductible ; dès lors on peut convenir que la démarche d'exploration des formes de régulation du sujet, de sa conduite, de son rapport avec autrui (qu'il soit un individu ou un collectif) se trouve nécessairement engagée. L'intervenant a pour but d'aider à la prise de parole, à la compréhension des phénomènes masqués ; il est donc présent non en tant qu'expert mais en tant que personne impliquée (ce qui ne signifie pas immergée dans l'organisation et dans ses problèmes ou s'identifiant aux acteurs et se substituant à eux) c'est-à-dire qu'il sait à la fois vivre et analyser les relations qu'il tisse avec les hommes et avec l'organisation.

F – Compétences, savoirs, outils

À l'origine de la démarche d'intervention d'un spécialiste, on peut envisager une entrée par les techniques (ou les instruments), par la méthode (ou par le processus), ou par les savoirs (ou encore les disciplines) [tableau ci-contre]. Il n'y a pas un modèle universel d'intervention et le praticien ne peut détenir l'ensemble des compétences : il développe celles qui lui semblent nécessaires pour son métier stratégique et qui lui permettent de situer la portée et les limites de son style propre d'intervention. Son métier stratégique ne relève pas que d'une seule instrumentation ; il ne serait alors qu'un technicien de l'humain. Au contraire, il s'efforce de traduire et d'intégrer, sous la forme de savoirs, des structures de raisonnement. Ces savoirs peuvent se classer ainsi :

– *les savoirs que tout le monde a intérêt à maîtriser* : la gestion, la comptabilité, la bureautique, l'informatique. Il ne s'agit pas de les apprendre comme telles mais plutôt de les acquérir par détour en conduisant les projets avec des collègues spécialistes ;

– *les savoirs que les praticiens n'ont pas le droit d'ignorer* : les disciplines en psychologie, les connaissances proches en sociologie, en anthropologie, en microéconomie, réputées scientifiques (leur démarche ne se confondant pas avec celle des sciences exactes) dotées d'un objet, d'une méthode, d'un domaine d'application. Leurs savoirs ne se justifient jamais par leur utilité (l'efficacité ne s'argumente pas en réponse à la question « à quoi ça sert ? ») mais simplement parce que l'on s'attend – les pairs, la profession, l'institution universitaire – à ce que les praticiens les connaissent et parce que l'on suppose que plus ils les connaissent, moins ils s'en servent à tort et à travers. Quand des praticiens accrédités ont éprouvé par leur action et leur vigilance critique – donc épistémologique – les limites très étroites dans lesquelles les formalismes fonctionnent et les actes prennent une consistance et une signification, ils s'en servent quand ils le jugent nécessaire. C'est ce discernement minimal qu'on exige d'eux.

C'est pourquoi la statistique et la biologie sont indis-

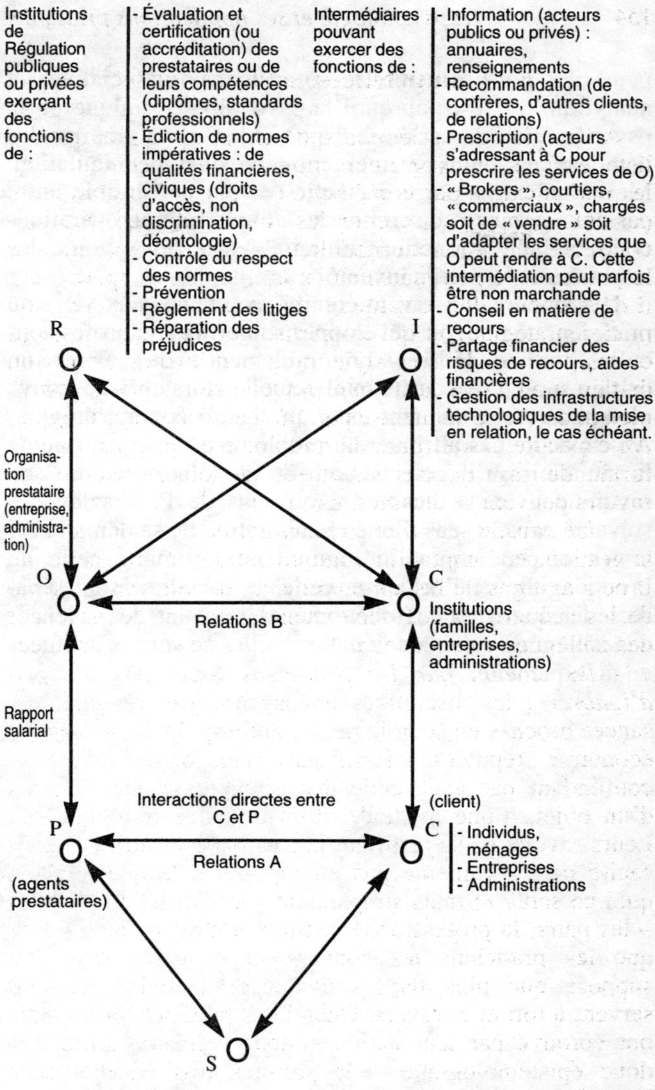

UN SCHÉMA À ACTEURS MULTIPLES POUR LES TRANSACTIONS ET CONVENTIONS COMPLEXES

On considère dans ce schéma que les conventions entre C, d'un côté, et O et P, de l'autre, se construisent et se transforment en interaction entre ces acteurs et les agents de la régularisation et de l'intermédiation.

pensables pour soutenir les compétences dissociatives et analytiques. C'est pourquoi la psychologie clinique ou la psychopathologie sont indispensables pour nourrir les compétences du type interaction ou du type régulation. Mais il n'est pas aisé d'établir un lien perceptible entre ces connaissances disciplinaires et une optique opérationnelle ou une injonction utilitaire, entre les savoirs, les méthodes et les outils inventoriés.

Ces savoirs conservent comme avantages, aux yeux du praticien, de pouvoir développer son efficacité professionnelle pour « vieillir » honorablement ; de tolérer un certain seuil d'insécurité intellectuelle alors qu'il se trouve plongé quotidiennement dans un champ concret énigmatique ; de ne pas attribuer au problème qu'il instruit ou de la situation qu'il gère le nom de sa solution ou de son instrument ; de « recadrer » (au sens de P. Wazlawick) son acte dans le sens d'une réélaboration de sa démarche.

Ainsi, peu à peu, la logique de l'humain, celle du groupe, celle de l'organisé, celle du social, se sont séparées des logiques des phénomènes relevant des sciences exactes ou de celles de la nature ; elles se sont constituées en tant que telles.

CONCLUSION

Qu'est-ce qu'une activité d'intervention en sciences humaines ? (Ou : qu'est-ce qu'un psychologue peut offrir ?) Auprès de qui et dans quel contexte organisé se définit cette activité ? (Ou : qu'est-ce qu'un demandeur ou un client peut rechercher et dans quel cadre institué de recours à la qualification en psychologie ?)

À la différence d'une entreprise de production ou de biens tangibles, une entreprise humaine, effectuant des actes de nature psychologique ou psychosociologique, se caractérise par le fait que son principal capital – son actif principal, dirait un gestionnaire – repose sur la matière grise (le savoir-faire) et le réseau (le fonds de commerce) de ses ressources praticiennes.

L'échange professionnel et marchand s'en trouve profondément affecté : en effet, le demandeur s'engage sans connaître exactement la contrepartie qui lui sera proposée et sans pouvoir vraiment apprécier *a priori* les résultats directs ou différés de l'acte du praticien, d'une part, des relations de collaboration réciproque, d'autre part. Autrement dit, les partenaires ne pourront évaluer – pour une bonne part au moins – les effets de l'action que lorsqu'elle aura été largement engagée et probablement échue.

L'échange repose sur des promesses de satisfaction par le praticien et des espérances de satisfaction du côté du recourant, sur le fait que chaque partenaire s'engage sans vraiment pouvoir percevoir clairement la contrepartie qui lui sera proposée. D'où l'importance des langages, des signes, des conduites traduisant, selon les coutumes et les normes de la culture en vigueur, des ingrédients clés comme la confiance, la loyauté, le discernement, la confidentialité, la probité, la qualité, etc.

Un psychologue ne pourra jamais, même au bout d'une carrière, maîtriser la totalité des éléments constitutifs des compétences, des savoirs, des méthodes et des techniques présentées. C'est à lui de se doter d'un style propre d'intervention dans ses domaines de prédilection. Certains éléments sont stratégiques, compte tenu du métier de l'organisation, du service, de la filière ; autrement dit, du contexte dans lequel il dispense son art.

Une faible standardisation des méthodes et des outils va de pair avec un encadrement professionnel réduit et une capacité coercitive absente. Le praticien ne peut s'autoriser que de son groupe d'appartenance, de son réseau et de sa perception d'une cohérence « situations-outils-méthodes-concepts », ceci quel que soit l'ordre d'apparition et d'enchaînement des étapes de la mise en œuvre de la stratégie. Si le praticien dirige son intérêt vers les types d'échanges en organisation et vers les transactions aux frontières des champs et des disciplines, le groupe d'appartenance fonctionnera sur un mode relâché et peu contraignant.

Le praticien doit avant tout « gérer » une situation paradoxale : sa formation initiale, sa qualification, la théorie proclamée de ses pairs, le conduisent à vouloir se présenter plutôt comme un psychologue, un psychosociologue ou un ergonome ; en même temps, une légitimité faible, une délégation politique limitée, une agrégation d'intérêts rudimentaire, conduisent les praticiens à se dénier comme tels et à adopter un vocable organisationnel. Un praticien en sciences humaines possède rarement une carte professionnelle sur laquelle figurerait sa qualité de psychologue ; cette carte mentionne bien plutôt sa fonction et son organisation.

Concrètement, un responsable d'entreprise ou d'administration ne recrute pas un psychologue ou un psychosociologue ou un ergonome ; il recrute un candidat qualifié en sciences humaines pour l'accomplissement de certaines missions et la qualité de ses prestations.

Le praticien dans les domaines du travail et des organisations est donc amené à traiter du paradoxe de sa propre identité professionnelle : il est au fond de lui-même en quête d'une identité de psychologue, de psychosociologue ou d'ergonome, tout en ne pouvant s'en prévaloir avec ostentation ; il se construit alors une position de spécialiste et un champ de compétences sur la base de la reconnaissance de son efficacité professionnelle, tout en intégrant les éléments constitutifs du déni de son titre identitaire.

LA COMMUNICATION

par

François CHARVIN

I

LA SITUATION DE LA COMMUNICATION

A – La communication en recherche de définition

D'où viennent-ils, où vont-ils, tous ceux qui se réclament de la communication ?

Il y a lieu de croire que tous les auteurs se rassembleraient au même carrefour, le prénommé « communication », mais y aurait-il suffisamment d'issues pour qu'ils partagent des chemins communs ?

Sociologues et psychologues, journalistes et publicitaires, thérapeutes et éducateurs, informaticiens et systémistes, économistes et géographes, directeurs et politiques seront là, sans oublier tous ceux que vous n'avez pas manqué de repérer.

La communication appartient non seulement à la collection de ces mots polymorphes qu'on désigne du vocable de « mot-valise », mais aussi à celle, plus rare, des « mots-éponge » qu'il suffit de placer dans un milieu nouveau pour qu'ils y trouvent leur place, voire même des origines nouvelles.

La communication a le don d'ubiquité ; elle rassemble les horizons tout en distinguant les univers. Aussi ne faut-il pas s'étonner des paradoxes et chercher la définition source ; et si la communication était en quête du Graal, il ne serait pas improbable qu'elle y vît que son avenir était fait de métissages.

Ainsi, serait-il vain de vouloir embrasser tout le territoire couvert par la communication, non seulement à travers les disciplines, mais même au sein d'une discipline, tant on peut être surpris d'ignorer tel usage historique ou nouveau.

Si la psychologie a fourni jusqu'alors l'essentiel des

discours et des démarches en communication, les théories ne sont pas explicitement présentes. Certains concepts se sont ancrés, voire sédimentés, ils sont devenus des incontournables, orphelins de leurs origines théoriques, et utilisés par des professionnels dont très peu ont suivi une formation en sciences humaines.

Nous n'aborderons ici qu'un champ particulier, celui de la pratique de la communication dans les organisations, à travers une excursion où certains sites ont été choisis et bien d'autres ignorés. Cette excursion puisse-t-elle susciter plus de curiosité.

B – Les pratiques de la communication en évolution

Dès le début du siècle, le besoin de communiquer des organisations industrielles et administratives aussi bien à l'extérieur qu'à l'intérieur se fait sentir. Les organisations apparaissent comme des entités plutôt autonomes face à un environnement prévisible et n'entrevoient que des incidences maîtrisables en leur sein ; la distinction entre interne et externe paraît claire.

La « communication externe » sera la figure de proue jusqu'aux années 1980, particulièrement pendant les fameuses trente glorieuses et consommera l'essentiel des budgets (publicité, promotion, relations publiques, mécénat...). Son développement sera essentiellement lié à celui du marketing dont il empruntera bon nombre de ses concepts, méthodes et outils.

La « communication interne », bien qu'identifiée dès les premières théories des organisations au début du siècle, ne se fera valoir avec force qu'à partir des années 1980. Son développement sera lié à la fois à celui des ressources humaines et des théories du management.

Aujourd'hui, les organisations sont contraintes, sous la pression de difficultés croissantes dans leur gestion quotidienne, à gérer et à conduire le changement. L'avenir turbulent, incertain, ne se laisse plus saisir par les méthodes de planification stratégique qui reposaient sur des modèles de prévision pour les raisons suivantes :

– l'environnement est de plus en plus complexe et instable (internationalisation des échanges) ;

– la concurrence diversifie ses offres au-delà de ses métiers de base (des distributeurs deviennent producteurs et, inversement, des producteurs de biens industriels basent leur croissance nouvelle sur le développement de services immatériels) ;

– l'accroissement permanent des exigences des clients conduit les entreprises à augmenter leur qualité visible et à développer les services au client ;

– le développement technologique accélère les mouvements (transferts croissants des informations, normalisation extensive, baisse continue des coûts et raccourcissement du cycle de vie des produits) ;

– l'évolution massive des compétences nécessite une accélération très forte dans l'acquisition continue des connaissances.

La pression du changement de leur environnement conduit les entreprises à faire évoluer rapidement leurs pratiques (commerciales, industrielles...) ainsi que leurs comportements. Les objectifs recherchés, s'ils nécessitent encore un « discours » maîtrisé, nécessitent surtout une mobilisation en « actes » des publics concernés tant internes qu'externes.

Comme les organisations, la communication fait face aux mêmes contraintes ; son champ se redéfinit, ainsi la distinction « externe-interne » n'est-elle plus pertinente, les frontières deviennent mobiles et fortement interdépendantes. La communication dans les organisations, aujourd'hui, s'appréhende comme transverse, l'externe ne se traite plus sans l'interne et réciproquement.

Un nouveau défi cristallise l'attention des entreprises : la diffusion rapide des connaissances de telle manière que chaque acteur de l'entreprise (interne, voire externe) comprenne le sens des changements, des orientations nouvelles et sache en conséquence agir immédiatement dans son environnement propre.

Après s'être conjuguée avec le marketing et les ressources humaines, la communication s'allie maintenant à la pédagogie, à ses concepts et à ses outils : c'est l'émergence de la « communication des connaissances ».

L'entreprise s'est longtemps vécue comme une belle mécanique (l'horloge, les rouages, les flux hydrauliques), puis comme un corps social à l'anatomie complexe (le navire, la cellule, les systèmes) ; aujourd'hui, elle se pense comme une organisation mentale (la société de l'esprit).

Le besoin de psychologues est probablement plus important aujourd'hui relativement aux développements que connaissent ou affrontent les entreprises et leurs communications. Les concepts et les méthodes empruntés à la psychologie s'élargissent rapidement, concernant plus particulièrement la psychologie sociale et la psychologie cognitive.

La compétence d'un psychologue apporte une réelle valeur ajoutée à l'univers actuel de la communication, ce lieu de plus en plus métissé, à condition qu'il sache lui-même s'enrichir d'autres compétences.

II

LA COMMUNICATION EXTERNE

A – Les enjeux de la communication externe

Dans le paysage concurrentiel des entreprises[a], il est vital de *se distinguer* :

– *distinguer les produits ou les services* que l'on offre, en leur construisant une personnalité propre ; c'est l'objet de la « communication-produit » (image produit) qui doit séduire le consommateur ou l'usager final au point d'infléchir son comportement d'achat (les petits filous, Mac, Trésor, Xantia...) ;

– *distinguer la marque* à laquelle se rattachent les produits ou les services, en leur créant une base d'image stable ; c'est l'objet de la « communication de marque » (image de marque) qui doit créer une valeur ajoutée à l'image des produits ou des services qui lui sont attachés (Danone, Apple, Lancôme, Citroën...) ;

– *distinguer l'auteur* auquel se rattache la ou les marques, c'est l'objet de la « communication institutionnelle » (image institutionnelle ou corporate) qui doit gérer l'image de l'entreprise auprès de publics sélectifs suivant ses projets tant externes (lancement de produit, réorganisation de gamme, crise, OPA, privatisation...) qu'internes (réorganisation, qualité, sécurité, privatisation...).

Ces images (produit, marque, entreprise) sont :

– *orientées*, elles n'ont pas le même rôle ;

---

a. *Entreprise* : nous utiliserons ce mot, par la suite, au sens large d'organisation : industrie, service, administration, association.

– *sélectives* : elles s'adressent à des publics souvent différents, les cibles ;

– *interdépendantes* : les succès ou les déboires des unes rejaillissent sur les autres.

Elles représentent, chacune à leur niveau et ensemble, le « capital confiance » des publics auxquels elles s'adressent.

La gestion de ces images requiert des investissements importants. Dans un contexte où chaque organisation se trouve soumise à une diminution permanente de ses coûts, l'évaluation des résultats devient une contrainte incontournable.

La publicité (communication commerciale) et les relations publiques (communication événementielle) sont les pratiques les plus connues et les plus utilisées pour gérer la communication externe. D'autres pratiques, plus spécialisées, sont mises en œuvre :

– auprès de publics spécifiques, la communication financière, la communication médicale ;

– dans des contextes particuliers, la communication de crise, le lobbying ou encore plus récemment la communication de cause (fondations, associations humanitaires ou d'utilité publique).

L'Image représente le concept clé de la communication externe, un concept familier en psychologie, mais dont l'usage dans le domaine de la communication des entreprises ne s'est pas construit à partir du développement de méthodes propres ou encore de leur confrontation. C'est plutôt un mot catalyseur qui a institué des discours convergents autour de trois autres concepts issus du marketing : « le produit », « la marque », « l'entreprise ».

Dans un premier temps, la communication externe et son voisin immédiat, le marketing, ont surtout emprunté à la psychologie sociale ce qui concerne notamment les changements d'attitude et de comportement, les motivations, les processus d'influence, les représentations sociales et les systèmes de croyances. Les agences de conseil en communication et celles en marketing ont été et sont encore des lieux d'accueil pour les psychosociologues.

Dans un second temps, les années 1980 ont marqué

l'entrée en force de la sémiologie et de la sémantique dans la recherche et l'élaboration des images tant « produit » que « marque ». Quelques rares concepts se généralisent auprès des professionnels. Rares seront les linguistes ou sémioticiens qui seront intégrés dans des agences de communication, hormis dans les grandes ; par contre, plusieurs cabinets conseil se sont spécialisés dans ce domaine et font travailler ensemble des linguistes, des sémioticiens et des psychologues.

Aujourd'hui, les sciences cognitives sont d'actualité, mais n'ont pas encore réellement marqué les pratiques de la communication externe, elles sont surtout présentes dans la communication des connaissances (cf. ce chapitre).

La psychologie a toujours été présente dans les pratiques de la communication, le rôle du psychologue devient plus pressant aujourd'hui qu'il ne l'a été ces dernières années.

Parcourir la communication le long des concepts appartenant à la psychologie est tâche difficile et peu pertinente du fait que les concepts mêmes de la communication sont faits d'emprunts à des disciplines aux cadres de référence bien distincts, puis conjugués selon des principes qui relèvent plus des usages qu'en ont faits les professionnels que de la rigueur d'une méthodologie explicite. Aussi, présenterons-nous quelques concepts clés de la communication (image produit, image de marque, image d'entreprise) tels qu'ils peuvent être exprimés dans ce milieu professionnel. Au lecteur de repérer emprunt, écart, contradiction, originalité ou nouveauté par rapport aux méthodes de la psychologie.

B – Les dimensions de la communication externe

1. Les images de la communication.

Pour distinguer l'usage des différentes images en communication, on peut établir une analogie avec la photographie :

– au premier plan, un enfant qui court après des pigeons ;

– en arrière-plan, une pyramide en verre tranchant avec les cursives d'une bâtisse royale, le Louvre ;
– en aveugle, la ville à laquelle on rattache cette situation et ce décor.

Ainsi, les trois niveaux fondent le sens et les différentes issues à l'interprétation de celui qui regarde. Notre histoire propre ne nous rend pas semblables quant à la représentation finale que nous en ferons, même si nous nous accordons à partager ensemble des points de vue.

« L'image produit » indique le premier plan (dénotation), « l'image de marque » l'arrière-plan (connotation), « l'image d'entreprise », si elle est reconnue, recadre la valeur attribuée aux deux premières.

Chacune de ces images peut s'exprimer isolément :
– l'image produit sans la marque et son auteur (Monsieur Propre, Fruit d'or, Mamie Nova...), tout comme l'enfant et les pigeons dans un décor nu, en studio,
– l'image de marque sans le ou les produits (Lancôme, Dior, Swatch, Jaguar...), tout comme ce décor luxueux du Louvre ;
– l'image d'entreprise sans la présence de ses attributs physiques (« Vous n'imaginez pas tout ce que Citroën peut faire pour vous », « Renault, des voitures à vivre », « Carrefour, je positive »...).

L'entreprise peut jouer sur l'un des niveaux d'image, les deux ou les trois simultanément selon ce qu'elle souhaite accentuer.

L'entreprise, à travers ses produits, ses marques, ses actes, s'expose aux divers milieux qui l'environnent : actionnaires et milieux financiers, parlementaires et élus locaux, collectivités locales, journalistes, personnel interne, fournisseurs et distributeurs, consommateurs, grand public, etc.

Chacun d'eux possède une connaissance partielle de l'entreprise qui dépend de leurs relations plus ou moins proches, de l'expérience qui en résulte, de la nature des informations qu'ils reçoivent de la part de cette entreprise, et cela peut aller de données techniques et financières jusqu'à la simple reconnaissance d'un sigle, d'un logo, voire du « on dit ».

L'image est donc un processus à facettes et à interférences multiples.

Les milieux financiers et les actionnaires seront plus sensibles à l'image financière et économique. D'autres publics seront plus sensibles à l'image sociale ou scientifique et technique. D'autres encore, connaissant moins l'entreprise, lui appliqueront des représentations non spécifiques, par exemple celles relatives au métier que pratique l'entreprise.

Auprès du grand public se dessine une image nourrie d'informations et d'appréciations assez hétérogènes, constituée de tout ce qui peut se trouver associé à l'entreprise : les produits et les marques, ainsi que les messages institutionnels, ce que les dirigeants expriment et ce que les médias diffusent sous une forme ou sous une autre. Bref une image composée de tout ce qui reste publiquement accessible.

L'image interne de l'organisme, auprès du personnel (ou des adhérents dans une association) vient s'ajouter à cette mosaïque d'impressions et d'opinions attachées au nom et aux diverses manifestations visibles de l'entreprise.

Quel que soit leur métier, certaines entreprises se voient dotées de qualités ou de défauts qui leur assurent confiance et crédibilité ou, au contraire, les privent de ces *a priori* bénéfiques qu'apportent notoriété, estime et sympathie. (En France, on se méfie *a priori* de l'assureur ; au Japon, l'assureur est le métier le plus estimé.)

Certains *a priori* sont durables, rigides même, et semblent résister au temps et aux actions destinées pourtant à les modifier ; que l'on songe par exemple à la persistance des *a priori* négatifs attachés à certaines professions comme l'immobilier ou la finance. D'autres *a priori* au contraire sont plus sensibles aux événements, à la conjoncture et aux actions de communication : les entreprises qui pratiquent le sponsoring sportif en compétition connaissent bien ces brusques fluctuations d'image (le football, la boxe, les courses).

L'entreprise s'efforce de conforter une « image voulue » qui regroupe les caractères et les valeurs sur lesquels elle entend s'appuyer et qu'elle souhaite promouvoir.

L'enjeu de sa communication tendra donc à diminuer l'écart entre « l'image perçue » et « l'image voulue ».

Les entreprises occupent des « territoires d'image » qu'elles contribuent à alimenter, mais dont elles ne peuvent s'assurer totalement la maîtrise.

• *L'image produit.*

Le produit doit confirmer les images qui précèdent, accompagnent et suivent sa rencontre avec l'utilisateur final.

Apprécié pour ses caractéristiques propres (usage et qualité du produit, services associés), le produit participe du registre factuel ; mais il participe aussi du registre symbolique au travers des attributs de la marque, l'utilisateur projetant sur le produit des qualités subjectives.

La présentation du produit figure l'interface entre le registre symbolique (la marque) et le registre factuel (les bénéfices offerts par le produit).

L'image produit reste liée à son environnement immédiat :

– les canaux de distribution (directs et indirects) ;
– les forces de vente ;
– le marketing produit (définition du produit et adaptation) ;
– la qualité de la prestation offerte ;
– les relations aux clients.

• *L'image de marque.*

La marque est le premier signe de la présence d'une entreprise sur un marché (en principe son terrain d'élection) ; elle se fait par le biais d'une signature des produits :

– elle donne un nom à un produit ou à une gamme de produits, ce nom peut être celui du constructeur, comme dans le secteur automobile ;
– elle associe à cette signature un ensemble de caractéristiques de valeurs et de qualités : tel savon sera celui des « stars », telle cigarette aura le « goût de l'aventure ».

L'image de la marque répond au souci de positionner le plus précisément possible un produit sur un créneau et de le distinguer de ses concurrents par des qualités subjectives et projectives.

Cette différenciation psychologique et culturelle est d'autant plus nécessaire que les produits ou les services correspondants sont souvent standardisés et techniquement équivalents.

Comme tout processus d'image, l'image de la marque est à la fois distinctive (elle permet de différencier « J. Vabre » de « Maxwell » sur le marché du café) et identificatrice (elle condense certains caractères attribués à ceux qui l'achètent et l'utilisent).

Selon les approches sémiologiques développées par Y. Krief (1987), le discours de la marque est avant tout celui de la souveraineté, qu'elle règne sur l'excellence ou sur la singularité.

Même si elle se construit à partir de critères et d'éléments en partie hétérogènes, l'image de marque reste essentiellement destinée aux consommateurs et, par extension, au grand public.

• *L'image d'entreprise*[1].

La distinction entre produit et marque reste souvent confuse, du fait qu'on ne perçoit, dans certains produits, que les symboles afférents à la marque.

Marque et entreprise apparaissent, quant à elles, plus nettement différenciées par le type de gestion qu'elles exigent respectivement : la publicité et l'événementiel pour l'une, les relations publiques et les communications spécialisées (de cause, de crise, interne, financière voire interne) pour l'autre.

Le client final et l'usager ne distinguent l'entreprise au-delà de la marque qu'à travers les aspects qui lui sont directement accessibles, soit :

– le produit lui-même et les prestations servies à l'utilisateur final (garantie, après-vente, formation, conseil...), signes visibles de sa « compétence » ;

– les implantations de son réseau commercial et les citations de l'entreprise dans les médias (locaux, nationaux, internationaux...), signes repérables de son « territoire ».

• *La compétence.*

L'usager, de fait, juge l'entreprise sur les signes de sa compétence visible :

– la performance du produit (fiabilité, qualité, sécurité, convivialité,...), la compétence technique de l'entreprise ;

– le prix du produit (en comparaison avec le prix du marché), la compétence économique (maîtrise des coûts) ;

– les prestations servies (garantie, maintenance, accueil, information, conseil, suivi...), la compétence commerciale.

La politique de marque, en contrecoup, s'en voit affectée et doit déplacer ses repères symboliques non seulement sur des attributs valeur-produit, mais aussi et de plus en plus, sur des attributs valeur-compétence de l'entreprise.

Sony, Mercedes, Volvo, Apple, Darty, FNAC... développent une politique de marque qui souligne plus particulièrement leurs compétences respectives.

Lorsque la marque et l'entreprise portent le même nom, toute modification de l'image de la marque engage l'image du constructeur ; ainsi lorsque « Citroën » signe toutes ses campagnes produit par « Vous n'imaginez pas tout ce que Citroën peut faire pour vous » (1993), c'est l'ensemble du réseau des concessionnaires qui doit véhiculer les attributs de « service au client », de « proximité », de « facilité de la vie ».

• *Le territoire.*

La territorialité d'un produit ou d'un service est d'une importance majeure pour l'entreprise quant à l'organisation de ses structures de distribution, au montant de ses investissements en communication et au profil de ses marques.

Un produit grand public standardisé (voiture, montre, téléphone...) devra se différencier sur le marché par rapport à la concurrence en s'adaptant localement :

– soit par des marques spécifiques à chaque territoire (Opel en Europe, General Motors en Amérique et en Asie, Saab en Scandinavie) ;

– soit avec la même marque, mais par des campagnes déclinées spécifiquement dans chaque pays ; pour vendre un canapé à un consommateur français, on insistera sur des symboles liés au « contexte » du produit : plaisir sexuel, virilité (Cinna, Dunlopillo, Dim, Hom...), pour vendre le même produit à un consommateur allemand, on insistera sur ses « caractéristiques » produit : sa solidité, sa qualité (Cinna, Roche et Bobois...).

• Enfin, on rencontre des marques transnationales, avec des messages identiques quels que soient les pays ; ce sont habituellement des marques leaders sur leur marché :

– Coca-Cola, leader dans le soft drink, symbole de l'American way of life ;
– le « Champagne français », leader dans les vins, symbole du goût français, du savoir-vivre ;
– Sony, leader dans l'électronique grand public, symbole de la qualité japonaise et de la technologie « rêvée » ;
– Volkswagen, leader européen de l'automobile, symbole de la robustesse et de la fiabilité allemandes.

La compétence et le territoire sont donc étroitement liés dans la constitution de l'image de l'entreprise et lui confèrent sa légitimité.

2. *L'identité d'entreprise.*

Associée à l'image d'entreprise, le concept « d'identité d'entreprise » s'est développé au début des années 1980 ; il élargissait le concept d'image d'entreprise et se présentait comme un concept fédérateur et de cohésion pour toute la communication qu'elle soit externe ou interne. Ce concept d'identité d'entreprise a contribué à rendre perméables et solidaires les frontières qui existaient entre la communication externe et la communication interne et, de ce fait, à redéfinir les fonctions, les rôles et les métiers.

Autant l'image correspond à une perception (elle est à chercher auprès des cibles), autant « l'Identité » correspond à une émission, et elle doit traduire à la fois l'unité et la singularité de l'entreprise.

Unité : même si l'entreprise se présente de manière diversifiée et témoigne de grands changements, il faut en faire ressortir la continuité.

Singularité : en communication interne, on affirme l'identité de l'entreprise, sa raison d'être et ses missions, afin de soutenir l'adhésion et le sentiment d'appartenance de ses personnels. En communication externe, on donne des références stables, claires (éviter les confusions marque/produit, marque/gamme, marque/entreprise), et assez riches qui permettent à l'entreprise de se différencier de ses concurrents.

C – La mise en œuvre de la communication externe

Ici comme ailleurs, on retrouve la querelle irréductible des Horace et des Curiace, le quantitatif et le qualitatif, rationalité et créativité.

Expliquer un choix en communication, c'est comme « expliquer le meurtre de la vieille dame » selon Benjamin Matalon (2) :

– d'un côté, les positivistes se centrent sur les preuves matérielles, la reconstitution du crime, les causes référencées...

– de l'autre côté, les tenants du qualitatif se focalisent sur les intentions du meurtrier, sa personnalité, la singularité de la situation...

Deux types d'acteurs régissent l'univers de la communication d'entreprise, le commanditaire (l'entreprise) et le prestataire (en interne, des fonctionnels ; en externe, des consultants) ; d'où viennent-ils, où vont-ils ?

Côté cour : le discours officiel.

• les commanditaires sont responsables des objectifs de l'entreprise (assurer le lancement d'un produit, améliorer la part de marché, la productivité, la qualité, désamorcer une crise, réussir une opération d'achat ou de fusion...) ; ici, on attend le résultat mesuré et, en conséquence, on doit pouvoir montrer le choix de la démarche par des preuves, des antécédents et des expérimentations. Un échec a pour triple résultat la perte de l'objectif attendu, de l'investissement réalisé, et de la confiance que les publics accordaient à l'entreprise, ses marques ou ses produits ;

• les prestataires de communication, quant à eux, s'efforcent de justifier leurs choix et leurs budgets à la fois par :

– une présentation formelle (les rituels des copy-strategy et plan de communication) ;

– et des mesures (tests de mémorisation, enquête d'opinion, études d'image, analyse d'attitudes, observatoire de comportements...).

Côté jardin : le discours de la singularité.

• les commanditaires font face à la répétition et à la compétition :

– la répétition des mêmes démarches, des mêmes présentations et des mêmes discours les rend sensibles à l'originalité et les conduit à rechercher la différence ;

– la compétition interne entre entreprises de même activité, voire entre directions ou entre filiales, conduit à « faire comme l'autre », ou « avant l'autre » ; ici, ce sera l'approche qualitative qui séduira, marquera la différence et emportera l'adhésion du commanditaire ;

• les prestataires osent leurs choix sur des paris et les justifient par de l'originalité :

– des paris guidés par l'intime conviction qu'ils se font en fonction de la personnalité de l'entreprise, des intentions acceptables de budget et de leur représentation propre de la situation à affronter ;

– de l'originalité pour se singulariser par rapport aux offres concurrentes auprès du commanditaire.

D – Les acteurs de la communication externe

1. Les agences de communication et leurs métiers.

On peut en distinguer deux grands types : les agences généralistes et les agences spécialisées. Les grosses agences sont plutôt généralistes et multi-métiers et sont en mesure d'offrir des prestations intégrées ; les agences spécialisées sont plutôt des petites structures.

• *Les agences généralistes.*

Les grands groupes de communication sont les plus lourdes financièrement, puisqu'elles font quatre ou cinq fois plus de marge brute que les agences conseil en relations publiques ou en communication d'entreprise ; à l'origine de ces groupes, les grands noms des agences de publicité.

Les métiers que l'on rencontre chez un grand groupe de communication généraliste se regroupent autour des fonctions suivantes :

– le commercial, souvent appelé chef de publicité, responsable des relations entre l'annonceur (l'entreprise commanditaire) et l'agence ;

– le créatif, responsable de la création publicitaire ; figure mythique de la publicité qui, par l'aura qu'on lui prête, fait souvent oublier que la réalisation d'une campagne est le fruit d'une équipe importante aux nombreuses compétences ;

– le spécialiste média, responsable du choix des médias (quotidiens, magazines, télévision, radio, cinéma et affichage) pour la diffusion des campagnes (média planning) ainsi que de l'optimisation de l'achat d'espace ; une fonction clé dans une agence puisqu'il gère de loin le premier poste de dépenses du commanditaire ;

– le chargé d'études, responsable des études quantitatives (études média, mesures et tests) et qualitatives (études sémiologiques, d'attitudes et de comportements) ;

– le chargé des relations de presse, responsable des relations avec les journalistes (télévision, radio, quotidiens, magazines, locaux, presse d'entreprise) ;

– le chargé des relations publiques, responsable des relations professionnelles et des relations avec la presse ainsi que de la création d'opérations hors média (événements, mécénat, sponsoring...) ;

– le chargé de marketing direct, responsable des opérations de promotion (mailing, télé-achat, concours, événements promotionnels) ;

– le chargé d'édition, responsable de la création graphique et de la mise en impression.

D'autres métiers existent dans ces agences de communication selon la taille ou les spécificités propres à celles-ci ; acheteur d'art (illustrations, photos), producteur, et tout particulièrement des spécialistes qui sont, soit intégrés à l'agence, soit souvent des prestataires extérieurs, les agences spécialisées.

• *Les agences spécialisées.*

Ces agences vont offrir leurs prestations de service, soit directement aux entreprises commanditaires, soit indirectement par les groupes de communication qui étoffent leur propre prestation intégrée par des compétences expertes.

On peut y distinguer :

– les cabinets d'études, spécialisés dans les études quantitatives (sondages d'opinion, baromètres d'image, observatoires des styles de vie ou courants socioculturels) ou qualitatives (enquêtes, analyses sémiologiques, études d'attitudes ou de comportements) ;

– les agences spécialisées par domaines d'activité (communication financière, communication médicale, communication de cause...) ;

– les agences spécialisées par prestation (lobbying, communication de crise, sponsoring, mécénat,...).

Dans ce cadre des prestations de communication externe, le psychologue a trouvé particulièrement sa place au sein des structures d'études des agences généralistes, mais surtout dans les cabinets d'études spécialisés.

2. *La fonction Communication dans l'entreprise* (3).

La fonction communication se trouve partagée avec les autres fonctions de l'organisation ; c'est une fonction d'interface.

Les formes de cette fonction apparaissent aussi diverses que les métiers de la communication, à savoir : publicité, relations publiques, relations presse, édition, journalisme d'entreprise, sponsoring et mécénat, design et graphisme, lobbying, production audiovisuelle...

EXEMPLE D'UNE FONCTION COMMUNICATION
AU SEIN D'UNE STRUCTURE CENTRALISÉE

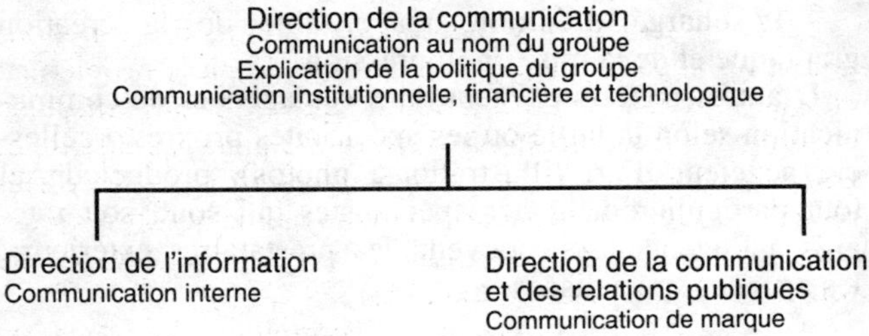

EXEMPLE D'UNE FONCTION COMMUNICATION
AU SEIN D'UNE STRUCTURE DÉLOCALISÉE

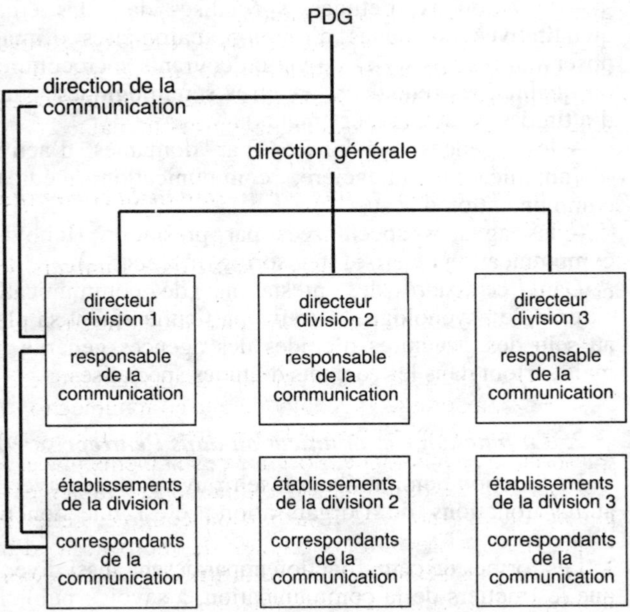

La communication « met son nez » dans des fonctions qui ne lui appartiennent pas en propre. D'où le problème : chaque fonction spécifique estime qu'elle peut prendre en charge sa communication. Mais, on ne peut pas distribuer les différentes actions de communication dans les différentes fonctions ; la fonction de management doit toujours être impliquée dans le partage (sinon, il n'existe pas de fonction communication intégrée).

Au sein des directions de la communication dans les entreprises, on ne retrouve pas tout l'éventail des métiers spécialisés qui existent dans les agences.

Les directions ou les services de communication restent en majeure partie de petites structures composées de quelques personnes généralistes qui doivent savoir gérer l'interface entre les besoins de leur entreprise et les prestations de communication idoines ; elles font le plus souvent appel à des prestataires extérieurs.

Jusqu'alors, rares étaient les psychologues appartenant aux directions de communication, hormis au niveau de la communication interne lorsqu'ils assumaient des compétences au sein des services de ressources humaines.

3. La place du psychologue au sein de la communication externe.

Quelle est la place du psychologue dans l'univers de la communication ?

Pour éclairer cette question, deux autres interrogations peuvent être posées :

– « Qu'apporte la communication au psychologue ? »

– « Qu'apporte le psychologue à la communication ? »

Selon que l'on répond à la première ou à la seconde question, le psychologue n'occupe pas la même place.

La première interrogation réduit considérablement le champ du psychologue à la portion congrue, celle d'un « spécialiste » des études (études de motivation, d'opinion, analyses sémiologiques, d'attitudes et de comportements, climat social, relations internes...).

Si l'on s'interroge sur ce que le psychologue apporte à la communication, on constate qu'il doit s'enrichir d'autres savoir-faire (marketing, gestion, organisation...) ;

cela lui permet d'exercer en fait la plupart des spécialités ainsi qu'une fonction de « généraliste », mais avec la singularité de sa vision psychologique.

Dans les entreprises, les décideurs mettent de moins en moins en exergue une vision technique des « structures » de l'organisation et recherchent de plus en plus une vision transversale des « liens » tant internes qu'externes de celle-ci. La vision psychologique dans la compréhension et l'analyse quotidienne des entreprises ne cessent de se développer, aussi bien dans les théories du management et du marketing que dans la communication.

III

LA COMMUNICATION INTERNE

A – Les enjeux de la communication interne

La communication interne intervient comme un enveloppement complémentaire de la communication externe.

Ainsi, on retrouvera les approches, les méthodes, les pratiques et les compétences indiquées précédemment, mais s'enrichissant en fonction de l'émergence de besoins nouveaux.

L'interne représente en même temps :

– un défi, une nécessaire cohésion pour mobiliser ensemble toutes les ressources vers un progrès continu ;

– un nouveau et puissant levier d'action externe.

Autant la communication externe apparaît conceptuelle (même si les concepts ne présentent pas la rigueur attendue par les chercheurs), autant la communication interne apparaît pragmatique. Au *Dire* succède l'*Agir*.

La seule communication commerciale ne suffit plus à assurer le succès commercial. L'évolution des exigences des consommateurs amène à présenter une promesse sans failles : un produit agréable sans défauts, au meilleur prix, immédiatement.

Une telle réponse au client ou à l'usager représente un vrai défi interne où la performance nécessaire à constituer l'offre ne saurait se faire sans une cohésion forte des personnels de l'entreprise.

B – Les dimensions de la communication interne

1. La cohésion sociale.

La cohésion suppose d'assurer aussi bien la coordination interne, la mobilisation des compétences du personnel, le sentiment d'appartenance à l'entreprise, sans vouloir pour autant maîtriser ce qui n'est pas maîtrisable, l'informel.

• *La coordination interne.*

Il s'agit de lutter contre les effets secondaires du cloisonnement (cloisonnement dû à l'augmentation de la taille ou de la complexité des organisations). Un minimum de cloisonnement est nécessaire, mais il a des effets secondaires : idées fausses sur la fonction voisine, non-compréhension du rôle joué dans l'entreprise...

Pour effectuer cette coordination, la communication interne doit établir des procédures d'accueil, diffuser des informations faisant mieux comprendre la fonction de l'organisation et la tâche de chacun. Elle doit mettre en place des dispositifs clairs et pratiques afin d'expliquer les choix de l'organisation.

• *La mobilisation des compétences du personnel.*

La mobilisation des compétences correspond à un désir de réactivité et d'anticipation. Il s'agit de rendre utilisables tous les savoir-faire et toutes les capacités qui restent souvent inexploitées.

Pour ce faire, on passe par la création de groupes de résolution des problèmes internes, de groupes d'action qualité, de groupes de progrès, de cercles de qualité... Il faut valoriser les systèmes d'apprentissage opérationnels (systèmes de formation rapides de masse...). Il faut aussi favoriser l'introduction de nouvelles technologies (présenter et expliquer l'adoption d'une technique, ses avantages, les qualifications qu'elle requiert...).

De telles actions sont souvent longues : il faut souvent plusieurs mois pour informer, communiquer, expliquer et former.

• *Le sentiment d'appartenance à l'entreprise.*

La floraison des projets d'entreprise à travers le monde a mis en évidence ce besoin d'identifier et d'exprimer les valeurs fortes qui fondent les piliers de l'organisation et lui assurent une pérennité voulue. Issue des valeurs fondatrices, la culture d'entreprise y trouvait ses origines et ses destinées, l'histoire se réécrivait. Mais le dit et même l'écrit n'impliquent pas toujours force de faire et bon nombre de projets d'entreprise sont tombés en désuétude.

L'Histoire (avec un grand H), monument qui défie le temps (au Japon, une entreprise a scellé dans le hall d'accueil de son siège à Tokyo le texte de son projet d'entreprise pour deux mille ans), ne convainc plus, mais peut-être était-ce un passage obligé pour entrevoir l'avenir de l'entreprise différemment.

Les projets d'entreprise se sont construits pour se substituer aux prévisions inopérantes dans un univers incertain et turbulent ; le volontarisme a succédé aux tendances prévisionnelles.

Aujourd'hui, les organisations semblent remplacer leur volontarisme par le lien social. Après les projets, les « Chartes » de comportement (EDF, Air France…). L'avenir se construit en marchant « ensemble ». Il s'agit donc de respecter ensemble quelques comportements communs pour assurer un sens aux actions entreprises par l'ensemble des acteurs de l'entreprise.

• *Les échanges informels.*

La cohésion n'implique pas de maîtriser toute l'information interne en formalisant ce qui ne peut l'être : l'informel.

Dès qu'ils travaillent et vivent en groupe, les hommes développent tout un réseau de relations interpersonnelles et spontanées. On qualifie ces relations d'informelles parce qu'elles ne se structurent pas nécessairement selon les canaux fonctionnels prévus pour la réalisation et la coordination des tâches et parce que l'information qu'elles véhiculent ne se limite pas aux directives et aux messages opérationnels ; elle peut se révéler tout à fait extérieure à ces préoccupations.

Un circuit formel aussi perfectionné soit-il ne remplace

pas l'informel, qui, lui, permet un ajustement mutuel dans la circulation de l'information.

L'organisation craint souvent de ne plus maîtriser les bruits de couloir et de subir les retombées négatives de rumeurs [4], mais ces phénomènes sont normaux dans une organisation (ils n'engendrent des crises que dans des cas extrêmes).

La plupart des rumeurs ne durent pas et s'éteignent d'elles-mêmes, quelques-unes prolifèrent, enflent et peuvent ébranler les assises les plus solides. Il faut dire que les organisations sont un terrain propice aux rumeurs : de nombreuses décisions complexes, quelquefois rapides, y sont prises en permanence. Tantôt les salariés ne sont prévenus qu'après coup (au besoin par les médias) de la fermeture d'un site, du déménagement d'un siège, d'une réduction d'effectif ; tantôt l'information qui les prévient est ambiguë ou compliquée et prête alors à de multiples incertitudes et à des interprétations diverses. Or, on sait que la rumeur permet de structurer et de réduire l'anxiété latente ; elle donne un « visage » particulier à l'objet d'inquiétude au lieu de laisser planer l'incertitude. Bref elle traduit avant tout l'irrépressible besoin des individus de comprendre en groupe leur situation, leur environnement et les faits qui les atteignent.

La qualité de l'information qui circule dans ces réseaux est d'abord fonction de la qualité de l'information disponible dans l'organisation et de la pertinence des renseignements qui y sont donnés. Si les informations officielles sont incohérentes ou partielles, des interprétations sauvages se créent dans les réseaux informels.

La communication informelle inquiète les responsables de l'entreprise, habitués à la maîtrise constante des facteurs de risque ; ils n'entrevoient pas la ressource que peut leur apporter ce mode de communication naturelle qui ne reste qu'un passage dans l'élaboration d'une communication plus formelle. La présence des compétences d'un psychologue aiderait probablement ces responsables à vaincre leurs résistances et leur anxiété pour transformer ce qu'ils entrevoient comme « risque » en « ressource » d'action interne.

2. *Le progrès collectif.*

Dès le début de ce siècle, les dirigeants des grandes organisations industrielles ou administratives ont eu pour préoccupation permanente de rationaliser le facteur humain, en motivant les individus et en s'efforçant d'intégrer les groupes informels et les relations personnelles au fonctionnement et au développement de l'activité d'entreprise.

Tour à tour, le mouvement des Relations humaines, celui du Développement des organisations, les néoclassiques, ont apporté leur contribution à la résolution de ce problème.

Pour le courant des « Relations humaines », c'est en cherchant l'épanouissement des besoins de chacun que l'on peut obtenir une meilleure participation des salariés et que l'on peut intégrer les effets positifs des relations informelles à la dynamique globale de l'entreprise.

Pour le courant du Développement des organisations, c'est en renvoyant aux intéressés les résultats des observations effectuées sur leur comportement et en faisant appel à leur capacité de modifier leur conduite et de résoudre les problèmes en groupe que l'on pourra tirer le meilleur parti du personnel, surtout de l'encadrement, pour faire évoluer l'entreprise.

L'école néoclassique, pour sa part, vise l'intégration des individus et la mobilisation de leur énergie à travers la délégation des tâches et la participation active aux décisions ; par exemple, en développant la Direction participative par objectifs [a] et en abaissant le niveau hiérarchique où doit converger l'information nécessaire à la prise de décision. Ce choix multiplie les lieux de consultation directe susceptibles de générer des « microchangements » dans les procédures techniques et organisationnelles.

Au cours des quinze dernières années, l'accroissement

---

a. DPO ou encore DPPO, la Direction participative par objectif a marqué un mode de management des entreprises, fondé sur la délocalisation opérationnelle des décisions et des reponsabilités autour d'objectifs prédéfinis.

de la concurrence, sa dimension internationale et la nécessité de faire jouer tous les ressorts de la compétition ont amplifié le rôle du personnel comme facteur clé de succès.

La valorisation du « capital humain » devient primordiale. Les ressources humaines sont confrontées à une modification sensible dans la structure de la main-d'œuvre :

– diminution relative du travail manuel ;

– accroissement des « tâches intellectuelles » dans les activités de production ;

– dans certains secteurs d'activité, à haute technologie, la part du travail conceptuel est prépondérante.

Il faut aussi gérer ces ressources dans le temps : le recrutement régulier de nouvelles compétences parmi les diplômés hautement qualifiés, la formation à des qualifications supérieures, l'accès à l'autoqualification par exemple, lorsque les techniques de fabrication et les méthodes de travail évoluent, sont autant d'objectifs pris en compte par la fonction ressources humaines. La conception des relations sociales se transforme rapidement.

Anticiper les changements permet de résister aux pressions et aux transformations subies de l'extérieur.

Les plans de qualité liés aux systèmes d'intéressement financier du personnel s'inscrivent dans cette dynamique productive de l'entreprise.

La communication interne garde pour objectif en premier lieu l'intégration sociale et culturelle de la collectivité de travail sans négliger pour autant les enjeux commerciaux de l'entreprise, son évolution technologique et ses interactions avec un environnement institutionnel mouvant.

Elle doit contribuer directement à l'efficience et à la compétitivité globales de l'organisation, en particulier :

– expliquer les problèmes et les choix de l'entreprise, aider à trouver un accord avec les diverses parties prenantes ;

– motiver chaque acteur de l'entreprise, l'impliquer dans sa mission, alors même qu'elle ne constitue souvent qu'un aspect de sa vie quotidienne ;

– intégrer cette collectivité, alors même que les préoccupations et les projets de ses membres sont rarement convergents ; coordonner des contributions différentes, spécialisées, quelquefois concurrentes.

C – Interne-externe, un continuum

Les entreprises et leur communication évoluent de concert : nécessité d'anticiper les évolutions technologiques comme celles des marchés, internationalisation des marchés, nécessité de reconcentrer et de mobiliser toutes les ressources propres de l'entreprise, intégration horizontale de ses fonctions (études, production, commercial, financier, personnel).

Ces transformations conduisent les entreprises à se montrer plus réactives à leurs marchés, à s'intégrer plus étroitement à leur environnement et bien sûr à renforcer considérablement leur efficience.

Les méthodes d'organisation et les méthodes de travail mises en œuvre sont sujettes à des améliorations, voire même à de profondes mutations. Ces changements ne sont pas toujours issus de l'entreprise, ni facilement maîtrisables. Ils résultent pour beaucoup de la multiplicité des centres de décision dans un environnement concurrentiel.

Aux énormes groupes centralisés et intégrés succèdent des structures fédérées associant des entreprises plus souples et plus réactives au marché et à l'environnement. Il faut désormais gérer de véritables « portefeuilles » de communication, aussi variés que les diverses activités développées par ces multiples organismes.

Par exemple, le groupe Air Liquide (leader mondial dans les gaz industriels, entreprise de 35 000 personnes implantée mondialement) est passé d'une organisation centralisée et hiérarchisée à une organisation en multiples petites entreprises (50 à 60 personnes, comme une PME) délocalisées près de leurs clients. Chacune de ces unités est autonome et fonctionne en « structure plate »[a] ; les

---

a. Structure plate : dans chacune des unités, il n'existe que deux niveaux hiérarchiques, le directeur de l'unité, puis l'ensemble des collaborateurs de l'unité sans niveau hiérarchique entre eux, quels que soient leurs compétences, diplômes, expérience ou ancienneté.

niveaux hiérarchiques sont réduits à l'extrême : un seul directeur par unité, et tout le personnel se situant à un même niveau lui est directement rattaché. Les membres de l'unité s'organisent par « groupe-projet » [a] en fonction des événements extérieurs du marché et des attentes des clients. L'organisation reste constamment mobile, à géométrie variable en fonction des situations à résoudre. Les évolutions de carrière n'apparaissent plus verticales, mais transversales ; et la mobilité prime sur le statut.

Si le cas est rare, mais pas unique, il augure un mode de gestion et de comportement radicalement différent et une communication répartie sur tout le territoire de l'entreprise locale.

Le personnel, collectif social dans l'organisation, répercute aussi les évolutions sociales et culturelles de la société environnante et ce à travers l'éducation des salariés, leurs représentations et leurs valeurs, leurs opinions et leur style de comportement.

La condition de salarié d'une organisation ne suffit pas à définir l'identité sociale d'un individu, même lorsque son appartenance relève d'une adhésion volontaire (à une grande association humanitaire par exemple). Chaque personne se trouve insérée dans une succession de milieux sociaux dans lesquels elle assume des « fonctions » plus ou moins différenciées.

La psychologie sociale nous a accoutumés à appréhender les attitudes et les conduites individuelles en relation avec les rôles qu'occupent les individus dans les divers groupes et institutions auxquels ils participent (famille, groupe de pairs, associations, entreprise ou administrations etc.).

Ainsi une même personne sera, en des lieux et à des moments différents, père ou mère de famille, employé d'un organisme, membre d'un club sportif ou d'une asso-

---

a. Groupe-projet : un groupe polyvalent qui associe les différentes personnes selon leur compétence et leur expérience pour résoudre une situation interne (incident) ou externe (insatisfaction client) ; un groupe-projet est à géométrie variable et se reconfigure à chaque situtation nouvelle.

ciation culturelle. On s'adresse donc au salarié « à travers » ses multiples rôles sociaux qui deviennent autant de relais amplificateurs vers ses milieux et cercles d'appartenance. On s'adresse à un acteur social porteur de traits culturels ambiants et de valeurs issues des groupes de référence qu'il véhicule avec lui au cœur même de l'entreprise.

Réciproquement, tout membre d'une entreprise peut en devenir un représentant auprès des groupes auxquels il appartient et auprès des milieux qu'il côtoie. Ses propos sur l'organisation, ce qu'il en montre, seront perçus comme autant de signes et d'indices de ce qu'elle est.

Le personnel peut donc constituer une ressource d'opinion pour l'organisme ; inversement il peut se muer en « risque interne », en cas d'indifférence pour l'entreprise, ou pire, en cas de conflit.

La distinction entre interne et externe est donc toute relative[5]. Dès que l'on s'écarte des problèmes de circulation fonctionnelle dans la ligne hiérarchique, la frontière devient difficile à tracer : où commence l'externe lorsque certains salariés d'une entreprise sont membres d'une association de pêche qui lutte contre la pollution provoquée par l'usine dans laquelle ils travaillent ? Peut-on encore distinguer interne et externe lorsque les campagnes d'association des consommateurs mettent en cause la survie même de l'entreprise ou d'un secteur d'activité entier ?

L'interne se lie à l'externe, il y a « continuité » entre les produits ou les services de l'entreprise d'une part et ses salariés d'autre part.

La communication sur les produits, qu'elle emprunte le canal de la publicité ou des relations publiques, mêle de plus en plus souvent les valeurs sociales ou personnelles associées au produit avec ses qualités matérielles et pratiques. Le produit témoigne directement de son producteur, il devient beaucoup plus « impliquant » pour le personnel si ce dernier y adhère et y trouve une forme de conviction supplémentaire.

En fait, plus une organisation cherche à communiquer avec son environnement, plus elle se rend perméable aux valeurs qui l'entourent, et plus elle est conduite à communiquer avec ses propres salariés qui sont aussi ses premiers relais d'opinion.

La mobilisation interne du personnel est sensible à l'expression publique que l'entreprise donne de ses produits et ses services ; cette expression doit rester compatible avec les valeurs que génère l'entreprise.

C'est en ce sens qu'il faut comprendre l'obligation de communiquer prioritairement avec son personnel avant toute campagne de communication externe. L'interne et l'externe ne constituent pas deux faces séparées d'une réalité organisationnelle mais bien plutôt deux dimensions étroitement imbriquées, entre lesquelles se tissent des liens de continuité.

D – La mise en œuvre de la communication interne

La mise en œuvre d'un dispositif clair, pratique et performant pour assurer la collecte, le transfert et la distribution utile de l'information dans l'entreprise reste une gageure. Diffuser et faire circuler l'information de manière optimale demeure un problème pour les organisations. Il faut toucher sélectivement les personnes intéressées et leur faire parvenir les messages « à temps », au bon moment : ni trop tôt, auquel cas l'information se perd dans le flux continu des notes, des directives et des convocations, ni trop tard, auquel cas le destinataire n'a plus le temps de réagir et ne manquera pas de se plaindre de l'urgence à laquelle il est soumis en permanence.

Pour mobiliser et intégrer son personnel, pour rendre opérationnelles toutes ses compétences disponibles, l'entreprise doit faire connaître et diffuser sa politique, son choix et ses décisions de manière claire, rapide, concise et impliquante.

La gestion des divers moyens d'information et de communication privilégiera la complémentarité et la diversification des supports, la sélectivité de leur ciblage, l'évaluation de leur coût et de leur efficacité.

Les audits de culture d'entreprise, les histoires d'entreprise, les études d'image et les audits de communication contribuent à l'analyse préalable de l'identité ; les projets d'entreprise, les chartes, les systèmes d'identité visuelle, le mécénat, le sponsoring, la publicité institutionnelle sont, à des moments et des degrés divers, autant de moyens d'exprimer et d'afficher publiquement cette identité.

Pour anticiper et négocier le plus rapidement possible les changements techniques et culturels ou l'évolution des marchés, les entreprises développent des dispositifs d'écoute de plus en plus sensibles et spécifiques. Certes, l'écoute des publics reste un objectif classique de la communication dans les organisations, mais les systèmes mis en place visent à une fiabilité et à une continuité sans précédent.

Les techniques utilisées se diversifient et se complexifient tandis que les investissements deviennent plus lourds.

Aux études ponctuelles (enquêtes et audits) sont venus s'ajouter des instruments de « suivi » (baromètres d'opinion et d'image ; des observatoires de comportements et d'attitudes).

Pour répondre aux changements dans les technologies et les méthodes de travail ainsi qu'à l'évolution des qualifications consécutive à ces transformations, la communication interne contribue à résoudre, à bref délai, les problèmes des organisations. Il s'agit cette fois-ci de définir, de coordonner et de développer des dispositifs de réunions, de leur fournir des méthodes de travail efficaces, d'en assurer la synthèse puis la diffusion par des circuits appropriés.

La nécessité de résoudre rapidement les problèmes techniques ou organisationnels des entreprises pousse à la création de groupes de projet et de réseaux sociaux capables de mettre en œuvre les méthodes qui peuvent mobiliser à bref délai les compétences dont se sont dotées les organisations.

Face à ce champ de la communication interne, les psychologues sont à même d'apporter une contribution importante par leurs connaissances des relations de groupe. Pourtant, rares sont ceux qui travaillent dans les services de communication interne alors que ces structures bénéficieraient grandement des compétences d'un psychologue.

E – Les acteurs de la communication interne

Des spécialistes aux généralistes-spécialistes.

Le développement de la communication interne n'a pas bouleversé la palette des métiers existants jusqu'alors et décrits au chapitre précédent (communication externe).

L'évolution a surtout été interne avec le développement généralisé des directions de la communication. La plupart de ces directions sont légères en effectifs et sont issues pour leur majorité de l'entreprise elle-même ; ce sont souvent de « vieux routiers », des personnes qui ont une forte expérience de leur entreprise et qui ont pratiqué auparavant plusieurs métiers. C'est l'avènement des gestionnaires qui savent planifier leur politique de communication en comprenant bien les enjeux et les contraintes des autres fonctions de l'entreprise (stratégie, production, R&D, marketing, ressources humaines, finances, informatique). Ce sont plutôt des « généralistes de l'entreprise » que des spécialistes de la communication.

Dans le même temps, les spécialistes prestataires de communication élargissent leurs compétences de base, en amont et en aval. Les groupes de publicité s'identifient aujourd'hui comme des groupes de communication en proposant toute la gamme des prestations de communication externe et interne. Certains spécialistes de la communication d'entreprise se rallient sous la bannière de la « communication globale ». Là aussi, on s'énonce plutôt « généraliste » de la communication que « spécialiste ».

Derrière cette tendance d'une appellation plus large et plus englobante, il ne faut pas voir seulement un effet de mode et le secret espoir d'embrasser plus de prestations, donc plus de budget pour l'intervenant extérieur ou plus de pouvoir pour le responsable interne. La continuité de l'interne et de l'externe réclame cette compétence élargie ; on ne peut envisager une démarche de communication sans lier tous les éléments qui participent à sa finalité dans une chaîne de cause à effet.

Un généraliste n'est pas pour autant un non-spécialiste. On peut faire ici un parallèle avec la médecine où l'on trouve des spécialistes et des généralistes, mais aussi des « internistes », spécialisés en médecine générale ; ces internistes restent pour la plupart des spécialistes (cardiologues, gastro-entérologue, infectiologue...) de leur discipline première.

Être « généraliste » en communication relève de la même tendance.

D'un côté, on peut isoler les « généralistes », ceux qui ont embrassé plusieurs métiers de la communication (publicité, relations publiques, journalisme, lobbying, communication interne...) ; on les retrouve plus particulièrement au sein des agences de communication comme *Senior consultant.*

D'un autre côté, on peut repérer les « généralistes-spécialistes », ceux qui ont pratiqué plusieurs activités différentes ; on les trouve surtout au sein des entreprises (avec des fonctions antérieures dans le marketing et les ressources humaines essentiellement), mais aussi parmi les nouveaux entrants dans les prestations de communication spécialisée (informaticiens, enseignants, juristes, médecins, historiens, économistes, psychologues, sociologues, linguistes...). La plupart de ces généralistes-ci se présentent avec une double activité, la communication et leur activité antérieure. Deux exemples en témoignent :

– la « communication médicale » regroupe des professionnels de la santé (médecins, pharmaciens, biologistes) avertis des techniques et méthodes de la communication et du marketing direct, tout en intégrant les techniques informatiques et de l'intelligence artificielle ;

– le « lobbying » regroupe des professionnels en matière juridique et politique (juristes, avocats, anciens administrateurs de la fonction publique) avertis des techniques de la communication et des études (tant quantitatives que qualitatives), tout en intégrant les techniques de télécommunication (base de données distribuées, réseaux, serveurs, satellites).

Le psychologue peut s'intégrer dans les métiers des

généralistes de la communication d'entreprise aussi bien dans les fonctions d'étude, de stratégie, de communication interne...

Mais plus particulièrement, il peut s'intéresser aux métiers de ces généralistes-spécialistes dont la fonction acquiert une plus grande importance du fait que les problématiques abordées apparaissent souvent plus complexes et demandent une large interdisciplinarité.

La communication des connaissances (cf. chapitre suivant), actuellement en germe, offre une place élective aux compétences du psychologue aux côtés de celles des pédagogues, des linguistes, des experts en intelligence artificielle et parfois de médecins.

IV

LA COMMUNICATION DES CONNAISSANCES

A – Communication et connaissance : de nouveaux enjeux

« Gérer le changement », le slogan des entreprises, cette dernière décennie. Quel auteur n'introduit son livre par ce thème, et ne propose sa recette du bonheur sous le vocable « Stratégie du changement » !

Face aux mutations rapides dans un univers incertain et complexe, toute entreprise doit être en mesure aujourd'hui de « rendre opérationnels le plus rapidement possible ses objectifs ».

Pour ce faire, l'ensemble d'une population visée (usine, filiale, groupe, collectivité locale...) doit « comprendre vite et agir juste ».

Ceci suppose :

– une « compréhension commune » des projets mis en œuvre qui puisse être acceptée par tous les membres de l'entreprise (enjeux et orientations clés d'un projet de changement par exemple, exigences incontournables en matière de sécurité, culture économique, connaissance des attentes des clients...) ;

– une intégration de la compréhension commune au « savoir » propre de chaque membre afin de rendre compatible le sens commun au contexte local ;

– une mise en acte immédiate où le « savoir-faire » individuel (tant les compétences que les comportements) s'oriente en fonction du sens préalablement acquis (à la fois dénotatif et connotatif) ;

– un retour d'expérience qui permette d'étendre les savoir-faire locaux en d'autres lieux et de recadrer la base sémantique commune.

Ainsi se construit une dynamique entre faire et dire,

entre l'entreprise et les individus, entre leur savoir, leur savoir-faire et leur expérience : vers une entreprise « auto-apprenante » (*self-learning organization*).

Il ne s'agit plus de se focaliser sur la diffusion des informations, mais sur celle des savoir et des savoir-faire, c'est-à-dire la capacité des individus à traiter et à faire circuler eux-mêmes les informations venant de divers horizons.

Face au changement, la communication interne et externe des entreprises, si elle demeure essentielle, voit ses limites interrogées :

Comment peut-elle communiquer des connaissances et non seulement des informations ?

Comment peut-elle réduire ses délais de compréhension ?

Le défi nouveau ne consiste plus à accélérer le volume et la vitesse de l'information, mais bien à accélérer la compréhension du plus grand nombre.

La quantité d'informations utile au regard de la complexité et de l'incertitude de l'environnement s'accroît. Dans le même temps, on s'aperçoit de l'accélération vertigineuse du transfert technique des données, de la voix et de l'image, tant dans leurs volumes que dans les délais (courrier électronique, PABX, messagerie vocale, vidéo-transmission, multimédia, satellite, RNIS, téléconférence, réseaux locaux ou distribués, immotique...). Le volume d'informations augmente, son délai de transmission diminue, mais le traitement même de l'information ne suit pas et chacun se retrouve, jour après jour, de plus en plus submergé d'informations sans disposer ni du temps ni des capacités nécessaires pour les traiter.

Comment repérer et accéder à l'information utile, la « traiter », puis la transférer aux personnes concernées ?

Comment maîtriser dans les délais du marché, face à des concurrents performants, les changements nécessaires à l'organisation ?

Comment faire partager les objectifs, mobiliser et mettre en action « l'ensemble » des salariés ?

Les méthodes classiques, pratiquées en entreprise, sont limitées par le temps de mise en œuvre et sont plutôt adaptées à des populations d'encadrement ; elles ne débouchent que dans de rares cas sur une mobilisation concrète de tous les collaborateurs par des actions individualisées déclinant les objectifs communs de l'organisation.

Pouvoir « agir en conséquence de cause », suppose non seulement la compréhension du sujet abordé, mais aussi la capacité à gérer son délai de compréhension. Le principal frein à la rapidité d'une réponse tient moins à ses capacités de transmission qu'à la capacité des acteurs à comprendre rapidement les informations avant de les acheminer aux destinataires concernés.

Les problèmes d'interface sont avant tout des problèmes d'interface « humain » plutôt que des problèmes de technique.

La communication des connaissances doit repenser les modes classiques de transmission des messages (communication externe et interne) en analysant les modes habituels d'accès à la connaissance (conversation, lecture, formation...) pour bâtir les modes de diffusion rapide de la compréhension destinés aux populations les plus larges.

B – Les modes de la communication des connaissances

La communication des connaissances repose sur trois modes majeurs d'échange :

– la conversation (l'échange inter-individuel) ;

– l'information (quel qu'en soit son support, l'échange médiatisé) ;

– la formation (l'échange contrôlé).

Ces modes ne sont pas exclusifs les uns des autres et peuvent s'associer spontanément (l'élève qui bavarde avec son voisin en regardant un magazine, tout en suivant le cours...) ou structurellement (parcours pédagogique associant plusieurs supports de nature différente, des groupes de travail, des expériences, une assistance et une animation par un expert).

Mais chacun de ces modes d'accès présente ses propres limites.

La conversation.

La conversation met en exergue l'importance du contexte et de la situation vécue dans l'élaboration des messages. Les informations évoluent tout au long de la discussion ; on n'en connaît pas *a priori* la conclusion, même si les protagonistes campent sur leurs positions.

Au cours de la conversation, chaque interlocuteur a le moyen de modifier les informations en cours (renforcement, effacement, substitution, contradiction...), et d'agir immédiatement sur la compréhension de ses interlocuteurs si ceux-ci n'ont pas saisi l'intention voulue (de l'explication au retrait de la discussion).

Tout le jeu relationnel – l'informel et le rituel, les statuts et les rôles, le jeu des représentations exprimées et non exprimées – tend vers l'issue de la conversation, telle une énigme qui s'improviserait entre les interlocuteurs au fil des épisodes.

L'information.

L'information se présente comme un « produit fini » pour l'auteur (écrit, oral, visuel), et seul le destinataire conserve le moyen de la modifier, par les représentations qu'elle induit.

Vous lisez ce texte : vous ne pouvez pas changer les mots imprimés, mais vous vous parlez à vous-même et dans ce dialogue à deux, entre vous qui lisez et vous qui vous écoutez, jaillit une représentation qui vous conduira à continuer à lire, à vous arrêter, à sauter une page ou à revenir en arrière. On n'a jamais assez souligné l'interactivité d'un livre avec soi-même ; quand vous vous écoutez, vos pensées vous ramènent à vos souvenirs et vous pouvez virtuellement accéder aux souvenirs de situations antérieures dans lesquelles vous vous trouvez impliqué avec d'autres personnages.

Ainsi donc, vos propres voyages intérieurs permettent de lire un autre texte que celui de l'auteur. Il n'y a pas de lecture sans conversation avec au moins soi-même.

La lecture est un média virtuel interactif (pourtant guère cité dans ces nouvelles technologies du multimédia et de la réalité virtuelle).

Dans cet exemple, c'est le sujet qui, en lisant, opère tous ces traitements, le texte du livre ne figurant qu'un inducteur figé. La compréhension vient surtout du travail du lecteur sur lui-même, il n'ingère pas le texte, il le reconstruit.

La qualité d'un texte rejoint son potentiel d'induction. Le texte ne maîtrise pas le sujet qui le lit.

S'assurer de la compréhension voulue par l'auteur demeure un objectif fragile.

Le lecteur domine l'auteur dans la construction de la compréhension. Le décalage entre la compréhension espérée par l'auteur et la compréhension finale du lecteur peut être d'autant plus important que les interactions entre le lecteur et son texte restent faibles.

Devant l'orateur, la situation se présente de manière encore plus dramatique. L'auditeur peut s'échapper à tout moment dans son for intérieur, se parler longuement, revenir l'oreille distraite prendre quelques phrases et repartir en famille dans la discussion qu'ils tenaient ensemble à table, le week-end dernier. Et ce fameux orateur aux propos affinés et limpides s'étonnera lorsque son auditeur lui posera une question à laquelle il avait pourtant déjà répondu.

Ici, l'auditeur ne peut opérer autant d'interactions que le lecteur (retour en arrière, avance rapide, arrêt sur mot, avance lente...).

Le décalage entre la compréhension espérée par l'orateur et la compréhension finale de l'auditeur est plus important qu'entre l'auteur et le lecteur, du fait des interactions structurellement plus faibles de l'auditeur avec l'orateur.

Passer en revue les autres types d'information conduirait à des constatations de même ordre :

– l'information, produit fini, ne porte pas en elle les clés qui permettent d'assurer à leur auteur une compréhension du destinataire conforme à son intention ;

– la compétence de compréhension d'une information reste surtout du côté du destinataire.

Toute information s'inscrit dans une situation de conversation, au moins avec le destinataire lui-même, souvent avec son entourage immédiat ; indépendante du contexte propre à chacun de ses destinataires, elle n'est pas en mesure de se « reconfigurer » selon les situations, comme la conversation ou la formation peuvent le faire. Elle n'interfère sur la situation de ses destinataires qu'à travers un mode d'exposition sélective (contenu et supports ciblés par grands types de destinataires ou d'attitudes).

Quand l'information prime sur les interactions entre l'entreprise et ses destinataires, les actions de communication induisent un risque important d'incompréhension, même s'il y a mémorisation du message (les tests de mémorisation ne mesurent pas la compréhension, seulement la sélectivité de l'attention).

Pour autant, il ne faut pas mésestimer les actions d'information et de communication ; leur atout majeur, c'est bien leur rapidité et l'importance des populations touchées.

La formation.

Dans les rapports enseignants/élèves, l'accès à l'information s'inscrit nécessairement dans une situation donnée (cours, séminaire, atelier, conférence, visite...).

Un module de formation peut se comparer à une visite guidée bénéficiant de l'expertise et de l'expérience de l'enseignant qui préconstruit un chemin d'apprentissage (le cours lui-même) et des chemins spécifiques (exercices, jeux, rencontres...). Des interactions clés avec l'information fournie peuvent être prédéterminées (arrêt sur une partie sélectionnée de texte, des morceaux choisis et leur ordre de lecture, retour arrière dans la construction du théorème, désordre simulé...).

Un cours n'est pas un chemin fermé, il offre ses pauses, ses répétitions, ses chemins de traverse, ses fugues parfois. Il se présente comme une situation d'autant plus assistée que l'élève a peu d'expérience avec l'objet du cours (aussi bien dans son contenu qu'au niveau de ses supports).

Pour faciliter la compréhension, le formateur peut :

– organiser l'architecture de son cours pour améliorer la performance de l'élève (6) (clarification du vocabulaire employé, multiplication des contextes, répétition...) ;

– avoir recours à une gamme large de supports (tableau, rétroprojecteur, livre, classeur, vidéos, logiciels, maquettes, jeux, jouets, objets, journaux, cassettes...) qui offrent des modes d'interactions différents ;

– mettre en scène son cours (organisant ses acteurs, ses décors, ses instruments...) et ainsi faciliter les interactions des élèves (7).

Les interactions entre élèves et enseignant restent relativement limitées, en raison des contraintes :

– structurelles (nombre d'élèves par enseignant) ;
– d'espace (disposition des élèves en salle de cours) ;
– matérielles (équipements disponibles) ;
– linguistiques (maîtrise de langue) ;
– relationnelles (entre élèves ou vis-à-vis de l'enseignant) ;
– ...

La formation est un mode d'accès à la connaissance qui assiste le sujet dans la construction de sa compréhension, mais elle présente une limite : elle ne peut toucher que peu d'individus à la fois et sur une durée plutôt longue, contrairement à l'information qui peut être diffusée massivement et rapidement (campagne de publicité, tirage d'ouvrages, télévision...).

C – La mise en œuvre de la communication des connaissances

Chaque mode d'accès à la connaissance conserve ses limites propres. Comment concilier les avantages de chacun tout en faisant l'économie de leurs contraintes afin d'assurer une communication efficace des connaissances ?

Si le besoin est clairement identifié, les solutions ne sont pas encore vraiment élaborées. Des pistes, des démarches se développent ; elles misent essentiellement sur des méthodes qui font jouer les « interactions » de l'individu avec lui-même ou des individus entre eux, jointes à des outils associant à la fois des techniques pédagogiques, informatiques et de communication.

Les techniques utilisées reposent sur trois modes d'interaction différents :

• « l'interaction simulée : le kit » ; plutôt anciennes, ces techniques sont toujours d'actualité (méthode des Cas, jeux pédagogiques, kits pédagogiques) ;

• « l'interaction programmée : le multimédia » ; la plupart de ces techniques sont d'origine informatique (didacticiels, systèmes experts, simulateurs, réseaux Cyber, CDI et CD-Rom, messageries asynchrones, bases de connaissance)

• « l'interaction orientée : le cercle d'échange » ; ces techniques se démarquent en proposant des approches d'appropriation collective (learning systems, Réseaux virtuels d'apprentissage).

L'interaction simulée : le kit.

Utilisées depuis les années 60, ces techniques ont connu et connaissent encore leur succès dans les milieux scolaires et de formation des adultes. Elles concernent des petits groupes de participants et nécessitent la présence d'un ou de plusieurs animateurs. On retrouve la situation classique de formation assistée formellement par l'outil (Cas, Jeu, Kit).

Le bénéfice provient de la régularité de son administration, c'est l'outil qui assume la fonction de guide (séquences du cas, étapes du jeu, phases du kit) ; et ces techniques permettent d'élargir les ressources pédagogiques à des animateurs qui ne présentent pas le niveau de compétence d'un enseignant spécialisé dans le domaine. Pour l'enseignant, cela lui permet d'illustrer son cours par une application spécifique.

Ces outils pédagogiques restent des supports appréciables au sein de sessions de formation, mais ils ne se suffisent pas à eux-mêmes et nécessitent le contrôle d'un animateur. Enfin, comparativement aux « médias », leur diffusion est très lente.

L'interaction programmée : le multimédia.

Le recours aux technologies de l'informatique et parfois des télécommunications place ces techniques dans deux modes d'interaction particuliers :

1. Chaque individu est en interaction directe avec une machine (écran/clavier, écran/télécommande, simulateur).

Les didacticiels, les CDI et CD-Rom, les systèmes-experts, les simulateurs rentrent dans cette catégorie. Les interactions individuelles sont programmées et donc limitées à l'intelligence embarquée de leurs concepteurs. Les programmes ainsi conçus peuvent parfois étonner, mais ne savent pas gérer les surprises spontanées de leurs utilisateurs (ironie, défiance, résistance, situations limites ou oniriques, expériences personnelles...).

Ils permettent, par contre, de parcourir un chemin pédagogique très élaboré, bien structuré et sachant souvent gérer des erreurs (identifiées) ; ils s'adaptent aux niveaux types de celui qui apprend et autorisent la découverte ludique par ballade (CDI et CD-Rom d'apprentissage scolaire ou de découverte pour les enfants). Par duplication massive, leur diffusion peut être rapide et large.

2. Plusieurs individus sont en interaction directe, indirecte ou différée avec un dispositif technologique (ordinateur, réseau, voire serveur et satellite).

Certains systèmes-experts et simulateurs, les réseaux CYBER ou INTERNET, les messageries asynchrones, les groupware, les bases de connaissance rentrent dans cette catégorie. Ces techniques reposent sur une base similaire aux techniques précédentes, mais disposent de la potentialité des réseaux téléinformatiques, ce qui permet des possibilités d'utilisation beaucoup plus puissantes et complexes. Ces dispositifs restent plus ouverts, du fait de l'interaction sociale, via le système, des utilisateurs. Ces derniers peuvent converser directement entre eux (messagerie simple, les @mail ou serveurs télématiques), voire même tenir une méta-conversation [a] (messagerie asyn-

---

a. *Méta-conversation* : c'est la capacité à tenir une conversation sur les conversations engagées ; le réseau est doté d'une application, voire d'un analyste qui permet de concaténer les différentes conversations émises en synthèses courtes sur lesquelles les utilisateurs du réseau peuvent eux-mêmes intervenir pour faire évoluer les synthèses produites.

chrone, et certains réseaux CYBER ou bases de connaissance). De ce fait, ils acquièrent la capacité (limitée) de faire évoluer et d'actualiser les connaissances qui circulent dans le système.

L'Interaction Orientée : le Cercle d'Échange.

Certaines méthodologies en intelligence artificielle (par exemple, les méthodes orientées agents [8]) laissent entrevoir des possibilités nouvelles : les utilisateurs pourront enrichir directement leurs connaissances accessibles et ainsi reconfigurer les connaissances émises (sans passer par le filtre d'un expert) ; les bases de connaissances construisent leur autonomie en associant tous les utilisateurs comme des coauteurs dans un système ayant ses propres fonctions de conservation et de mutation.

La communication des connaissances s'opérerait et évoluerait simultanément, en temps réel.

D'autres approches s'inspirent de ces mêmes dispositifs tout en faisant appel à des méthodes propres à la pédagogie, l'intelligence artificielle et la communication des organisations. On les désigne par le terme *Learning Systems* ; elles sont surtout développées en Europe.

Pour illustrer ce type d'approche, nous présentons une démarche [9], nommée : « Parcours d'appropriation et d'action » ; l'objectif de connaissance consiste à s'approprier un nouveau projet (ce pourrait être concrètement la connaissance d'un nouveau produit, la réorganisation interne d'une usine, l'acquisition d'un nouveau comportement thérapeutique en médecine de ville).

Dans un premier temps, une phase d'*appropriation* permet aux participants de :

– partager la compréhension commune du nouveau projet ;

– enrichir leur compréhension par leur expérience propre ;

– identifier leur position propre face au projet.

Dans un second temps, une phase d'*action* leur permet de :

– générer des actions locales en cohérence avec le sens du projet qu'ils se sont appropriés ;

– rendre compatibles ces actions générées avec celles qui existent déjà ;

– les évaluer et les piloter dans la durée ;

– enfin, assurer un retour d'expérience qui, d'une part, transférera l'expérience acquise, d'autre part enrichira et fera évoluer le projet.

Cette démarche permet de conduire un projet de changement important (nouvelle stratégie d'entreprise, réorganisation, lancement d'un nouveau produit, changement de comportement interne ou externe) sur des populations importantes (plusieurs milliers de personnes au niveau d'une région, d'un pays ou d'un continent) dans un délai court (quelques semaines).

Le dispositif, « cartes de connaissance » et « guides d'action », ne fait appel à aucun spécialiste pour guider le processus d'apprentissage. Un schéma d'organisation interne, en « cercles d'échange » (petits groupes de 5 personnes) permet d'assurer la diffusion des connaissances et leur mise en pratique immédiate au niveau de chaque participant ; et ce dernier, venant d'être formé, devient formateur à son tour sans aucun risque de déformation ou de déperdition du contenu initial (la base sémantique commune).

Une telle démarche se construit selon les cinq phases suivantes :

• *« Architecture logique » du parcours d'apprentissage.*

Le principe : faire « reconstruire les messages » par les participants eux-mêmes en fonction de données génériques et de règles qui intègrent leurs informations personnelles ; il devient alors possible de maîtriser le type de solutions attendues, sans passer par les solutions propres élaborées par chacun des participants. C'est en quelque sorte le principe d'un Lego intellectuel (que l'on retrouve dans la construction d'un système expert).

Par exemple, si l'on donne à un enfant une règle « mélange ! » et deux données « bleu et jaune », on est sûr d'obtenir du « vert », mais il y a un grand nombre de « verts possibles » en fonction de la réaction de l'enfant ;

on a donc maîtrisé le résultat de « la classe de solution : le vert », sans avoir besoin de connaître la solution précise laissée à l'appréciation de l'enfant. De même, si l'on montre comment monter une maison avec des éléments de base (fondations, murs, couverture), les participants construiront chacun une « maison », mais celle-ci peut ressembler soit à une « cabane dans la forêt », soit au « château de la Belle au bois dormant ». Appliqué à des messages plus élaborés, on peut utiliser le même mode de « reconstruction » pour découvrir une nouvelle voiture, une nouvelle molécule, une nouvelle organisation ou l'anatomie de la sécurité en milieu industriel.

• *« Conception de Cartes de Connaissance ».*

À partir de l'architecture logique, plan formel des chemins de reconstruction des messages ou connaissances, on réalise la construction de « prototypes » sous la forme de « cartes de connaissances ». Ces cartes, se déroulant selon un enchaînement d'étapes, forment un parcours d'apprentissage. Et chaque étape se construit autour d'un process pédagogique qui tient compte des critères d'apprentissage (répétition, multiplication des contextes, intégration de l'expérience personnelle, ancrage, mises en situation, visualisation...).

• *« Démultiplication des connaissances ».*

Les « cartes de connaissance » sont exposées à un cercle d'échange (petit groupe de 4 à 5 personnes) qui effectue tout le parcours en présence d'un « facilitateur ». Chacun des participants devient ensuite facilitateur d'un autre cercle d'échange ; ainsi chaque personne, hormis celle de la dernière vague, aura été « formé et formant ». Ce principe de démultiplication permet de toucher un nombre important de personnes dans un délai court (par exemple, 100 000 personnes ont été formées en 6 semaines dans 10 pays européens pour le lancement d'un produit, 30 000 personnes en 4 semaines en France pour l'amélioration de la sécurité au poste de travail). La démultiplication serait impossible si les « cartes » n'existaient pas pour contrôler le processus d'apprentissage ; celles-ci permettent de « réinitialiser » chaque nouveau groupe en leur faisant faire le même parcours de découverte, ainsi la déformation et la déperdition de l'information est nulle tout le long de la chaîne de démultiplication.

• *« Actions spécifiques sur une base commune de compréhension ».*

À l'issue de chaque séance de démultiplication, chaque participant témoigne d'actions spécifiques et originales en fonction de son appropriation du parcours.

Des synthèses à l'échelle locale, régionale, voire nationale sont alors effectuées.

• *« Évaluation et retour d'expérience ».*

Enfin, un « retour d'expérience » est mis en place pour d'une part transférer les solutions partageables avec d'autres sites, d'autre part faire évoluer le sens du projet en fonction de l'expérience acquise.

D – La communication des connaissances : un défi et une opportunité pour le psychologue

Ces méthodes, pour originales ou performantes qu'elles soient, ne sont pas suffisantes en elles-mêmes : instrumentaliser les destinataires ne mène pas toujours aux buts escomptés ; ces méthodes indiquent au moins que l'on peut concevoir des solutions nouvelles à travers des modes d'accès aux connaissances.

La communication des connaissances reste un défi majeur au regard des besoins croissants des organisations et des institutions pour réussir leur adaptation ou leur changement rapide.

La communication des connaissances interroge les méthodes de communication externe et interne élaborées jusqu'alors, ainsi que les méthodes en pédagogie. Elle augure une « reconfiguration » des acquis dans une perspective méthodologique nouvelle qui reste à consolider au-delà des expérimentations particulières présentées précédemment.

Elle offre un « carrefour » de confrontations des expériences réalisées et en voie de développement dans diverses disciplines où la psychologie est centrale au travers de ses différentes approches (sociale, expérimentale, clinique, éducative, organisationnelle).

CONCLUSION
LE PSYCHOLOGUE : NOUVEL ACTEUR DE LA COMMUNICATION

L'évolution des métiers de la communication externe, interne et des connaissances, ainsi que leurs démarches convergent en un point : le métissage des méthodes et des compétences.

Dans ce contexte, le psychologue gagne à forcer sa curiosité aux frontières de ses savoirs et à développer des échanges avec tous ceux qui appartiennent à d'autres horizons. Les seules interdisciplinarité et transversalité, si elles sont nécessaires, ne suffisent plus ; les protagonistes travaillant dans les différentes disciplines forment un « univers d'experts ». La curiosité des savoir et des savoir-faire auprès des « routiers du quotidien » constitue une ressource souvent négligée ; elle permet fréquemment de faire jaillir l'idée que les experts n'avaient su exprimer ou seulement nommer.

Au fil de l'excursion dans l'univers de la communication (externe, puis interne et enfin des connaissances), l'apport de la psychologie à la communication s'est révélé de plus en plus prégnant ; et cela présage un besoin croissant des compétences du psychologue.

Si le psychologue intervenait jusqu'alors de manière marginale dans l'activité de la communication, la reconfiguration de l'univers de la communication suscite de nouveaux acteurs dont le psychologue peut devenir l'acteur clé, pour autant qu'il sache à la fois ne pas s'enfermer dans le particularisme de telle spécialité en psychologie et s'ouvrir à d'autres pratiques liées à l'évolution actuelle du fonctionnement des organisations.

ANNEXES

NOTES BIBLIOGRAPHIQUES

I. La santé

(1) Itard (J.), « Mémoire et rapport sur Victor de l'Aveyron », dans Malson (L.), *Les enfants sauvages, mythe et réalité*, Paris, UGE, 1954, p. 128-247.
(2) Procès verbaux des réunions de direction de l'Institut de psychologie (29, rue Serpente, 75006 Paris).
(3) Freud (S.), *Die Frage der Laienanalyse*, Gesammelte Werke, t. XIV, 1927-1948, p. 209-294.
(4) Roudinesco (E.), *Histoire de la psychanalyse en France. La bataille de cent ans*, t. I, 1885-1939, Paris, Le Seuil, 1986.
(5) Lagache (D.), *L'unité de la psychologie*, Paris, PUF, 1948.
(6) Anzieu (D.), *Une peau pour les pensées*, Entretiens avec Gilbert Tarrab, Paris, Clancier Guenand éd., coll. « Psychopae », 1986.
(7) Heuyer (G.), « Le problème des psychologues travaillant en collaboration avec les psychiatres », dans *L'Hygiène mentale*, n° 3, XVIe Année, 1952.
(8) Clark-Williams (M.), « Condamnation de la psychanalyse pratiquée par un non-médecin », dans *L'Hygiène mentale*, n° 1, XLIIe Année, 1953, p. 53-62.
(9) Heuyer (G.), « Le problème des psychologues travaillant en collaboration avec les psychiatres », *op. cit.*
(10) Favez-Boutonier (J.), « Psychologues et médecins »,

dans *Bulletin de Psychologie*, n° hors-série *La psychologie clinique, métier de psychologue*, 1956.
(11) Bolzinger (A.), « Profils professionnels des psychologues cliniciens », dans *Psychiatrie française, Les Psychologues*, n° 4, juillet-août 1984.
(12) Favez-Boutonier (J.), « Psychologues et médecins », *op. cit.*
(13) Bolzinger (A.), « Profils professionnels des psychologues cliniciens », *op. cit.*
(14) Anzieu (D.), *Une peau pour les pensées*, *op. cit.*
(15) Duflot (C.), « Petite chronique provinciale des hôpitaux psychiatriques », dans *Bulletin de Psychologie*, n° 394, janv-mars 1990, p. 180-186.
(16) Anzieu (D.), Marchand (F.), Sergentet, « Propositions en vue du statut du psychologue », dans *Psychiatrie Aujourd'hui, Les Psychologues*, n° 8, mars-avril 1972.
(17) Prévost (C.M.), *La psychologie fondamentale*, Paris, PUF, coll. « Que sais-je ? », 1994.
(18) Dolto (F.), « Questions à Françoise Dolto », dans *Les psychologues entre la tentation analytique et la prise de pouvoir institutionnelle*, Cahiers de l'ANREP, 1983.
(19) Clément (R.), « Le psychologue praticien du psychique », dans *Bulletin de Psychologie, Les Psychologues cliniciens*, n° 394, janv.-mars 1990, p. 194-203.
(20) George (M.C.), Samacher (R.), « Pratiques et évaluation des modes d'intervention des psychologues de secteur psychiatrique », dans *Bulletin de Psychologie*, n° 394, janv.-mars 1990, p. 212-216.
(21) Freud (S.), *La technique psychanalytique*, Paris, PUF, 1967.
(22) Dolto (F.), Préface à Muel (A.), *L'éveil de l'esprit chez l'enfant inadapté*, Paris, Aubier-Montaigne, 1972, p. 7-54.
(23) Watzlawick (P.), Helmick-Beavin (J.), Jackson (D.), *Une logique de la communication*, Paris, Le Seuil, 1972.
(24) Ancelin-Schutzenberger (A.), « Introduction au(x)

psychodrame(s) », dans *Bulletin de Psychologie*, n° spécial *Le psychodrame*, t. XXIII, n° 295, 13-16, 1969-1970.

(25) Rapoport (D.), « Psychologue en service de pédiatrie », dans *Bulletin de Psychologie*, n° 394 *Les psychologues cliniciens*, janv.-mars 1990, p. 175-179.

(26) Cabassu (G.), « La protection maternelle et infantile », dans *Les psychologues où sont-ils ? Que font-ils ?*, textes rassemblés sous la direction de P. Cohen et J.P. Rieu, n° hors-série *Psychologues et Psychologies*, janv. 1994, p. 109-113.

(27) Dolto (F.), « La boutique verte, histoire d'un lieu de rencontre entre adultes et enfants », dans *Enfants en souffrance*, Paris, Stock/Laurence Pernoud, 1981, p. 137-156.

(28) Denner (A.), « La psychologie et l'urbanisme », dans *Les psychologues où sont-ils ? Que font-ils ?*, *op. cit.*, p. 227-230.

(29) Maillard (J.), « Psychologues au temps du SIDA », dans *Les psychologues où sont-ils ? Que font-ils ?*, *op. cit.*, p. 173-178.

(30) George (M.C.), « Histoire et éthique des psychologues, neutralité ou contre-pouvoir », dans *Bulletin de Psychologie*, n° 394, janv.-mars 1990, p. 303-312.

(31) Fraisse (P.), Piajet (J.), *Traité de psychologie expérimentale*, t. I, *Histoire et méhtode*, Paris, PUF, 1963.

(32) Canguilhem (G.), « Qu'est-ce que la psychologie ? », dans *Études d'histoire et de philosophie des sciences*, Paris, Librairie J. Vrin, 1970.

(33) Huguet (M.), *Psychologie clinique*, cours de maîtrise 1992-1993, polycopié.

II. L'éducation

(1) Ariès (P.), *L'enfant et la vie familiale sous l'Ancien Régime*, Paris, Plon, 1960 ; rééd. Le Seuil, 1973.

(2) Quentel (J.C.), *L'enfant. Problèmes de genèse et d'histoire*, Bruxelles, De Boeck, coll. « Raisonnances », 1993.
(3) Tran-Thong, *Stades et concept de stade de développement de l'enfant dans la psychologie contemporaine,* Paris, Vrin, 1967.
(4) Muel (F.), « L'école obligatoire et l'invention de l'école anormale », dans *Actes de la recherche en sciences sociales*, janv. 1975, I.
(5) Tanner (J.M.), Inhelder (B.), *Entretiens sur le développement psycho-biologique de l'enfant*, Neuchâtel et Paris, Delachaux et Niestlé, 1960.
(6) Debesse (M.), *Les étapes de l'éducation*, Paris, PUF, 1961.
(7) *Ibid.*
(8) Piajet (J.), *Psychologie et pédagogie*, Paris, Denoël, 1969.
(9) Freud (S.), *Trois essais sur la théorie de la sexualité* (1905), Paris, Gallimard.
(10) Quentel (J.C.), « La "faute" et sa logique dans le langage de l'enfant », dans *Glossa*, 1994, 39.
(11) Quentel (J.C.), *L'enfant. Problèmes de genèse et d'histoire*, *op. cit.*
(12) Zazzo (R.), *Le devenir de l'intelligence*, Paris, PUF, 1945, 2e éd., 1946.
(13) Nières (I.), « Raconter, inventer. L'incompétence enfantine dans quelques romans pour enfants », dans Escarpit (D.), Poulou (B.) [ss. la dir. de], *Le récit d'enfant*, Paris, Éd. du Sorbier, 1993.
(14) Wallon (H.), *De l'acte à la pensée. Essai de psychologie comparée*, Paris, Flammarion, 1942 ; rééd., 1970.
(15) Freud (S.), « Pour introduire le narcissisme » (1914), dans *La vie sexuelle*, Paris, PUF, 1969.
(16) Gagnepain (J.), « Leçons d'introduction à la théorie de la méditation », dans *Anthropo-logiques*, 1994, 5, BCILL, Peeters (distribué en France par Vrin).
(17) Leclaire (S.), *On tue un enfant. Un essai sur le narcissisme primaire et sur la pulsion de mort*, Paris, Le Seuil, 1975.

(18) Quentel (J.C.), « “Enfant-symptôme” et parents empêchés », dans *Cahiers de Regards Cliniques*, coll. « Raisonnances », 1993.

(19) Wallon (H.), « Psychologie et éducation de l'enfance » (recueil d'articles), dans *Enfance*, 3-4, mai-oct. 1959.

(20) Debesse (M.), *L'adolescence*, Paris, PUF, 1943, 10e éd. 1964, coll. « Que sais-je ? ».

(21) Gagnepain (J.), « Leçons d'introduction à la théorie de la méditation », *op. cit.*

(22) Freud (S.), « L'analyse avec fin et l'analyse sans fin » (1937), dans *Résultats, idées, problèmes*, t. II, Paris, PUF, 1985.

(23) Osterrieth (P.), *Faire des adultes*, Bruxelles, Mardaga, 1964 ; rééd., 1988.

III. L'entreprise et les organisations

(1) Sources : Enquête nationale ANDCP, 1988 ; Association nationale des directeurs et chefs du personnel.

(2) Peretti (J.M.), *Gestion des ressources humaines*, Paris, Vuibert, 1994 ; Weiss (D.) [direction], *La fonction ressources humaines*, Éditions d'organisation, 1988.

(3) Source : *L'Expansion, Salaire des cadres*, publication annuelle.

(4) Mintzberg (H.), *Le management : voyage au centre des organisations*, Paris, Éditions d'Organisation, 1990, ch. 6.

(5) Saadi (R.), « Culture et performance », p. 137-161 dans *Cahiers de Cargèse. Entreprises et chercheurs : à la recherche d'un partenariat*, Paris, L'Harmattan, 1991.

(6) Minguet (G.) et alii, *Devenir consultant junior*, L'Harmattan, 1995.

(7) Nous reprenons ici à notre compte les développements contenus dans l'ouvrage de Lescarbeau (R.), Payette (M.), Saint-Arnaud (Y.), *Profession : consultant*, Paris, L'Harmattan, 1991.

(8) Saint-Arnaud (Y.), *Connaître par l'action,* Montréal, Presses de l'Université de Montréal, 1992.
(9) Schein (E.), *Process consultation (1) : its role in organisation development*, Reading, Mass-Addison-Wesley, 1969-1987 ; Schein (E.), *Process consultation (2) : lessons for managers and consultants*, *op. cit.*
(10) Argyris (C.), Schön (D.), *Theory in practice : increasing professional effectiveness*, San Francisco, Jossey-Bass, 1974.
(11) Eme (B.), Laville (J.L.), *Cohésion sociale et emploi*, Paris, Desclée de Brouwer, 1994 ; Gadrey (J.), « Les vrais réservoirs d'emplois de demain : éducation, santé, action sociale, travail », dans *Le Monde*, dimanche-lundi 21 mars 1994.
(12) Ce glossaire est repris et prolongé de l'ouvrage de Ledru (J.) et Michel (S.), *Capital compétence dans l'entreprise*, Paris, ESF, 1991.
(13) Mintzberg (H.), *Le management : voyage au centre des organisations*, *op. cit.*
(14) Touati (A.) [directeur], *Annuaire-guide de psychologie*, Paris, Éditions Hommes et Perspectives, 1994, 3e éd., ch. IV : Le travail.
(15) Cette classification est extraite de notre livre *Advenir consultant junior*, Introduction, L'Harmattan, 1995.
(16) *Ibid.*, ch. 4, sous-partie 1.

IV. La communication

(1) Charvin et Marhuenda, *Communication et Entreprises*, Éd Eyrolles, 1991.
(2) Matalon (B.), *L'enquête et ses méthodes*, Éd. Nathan, 1992.
(3) Marhuenda, *Communication Stratégique*, cours IFP, 1992.
(4) Kapferer (J.N.), *Rumeurs*, Paris, Le Seuil, 1986.
(5) Schwebig, *Communication des Entreprises*, Ed Mac Graw Hill, 1989.
(6) Lieury (A.), *Mémoire et réussite scolaire,* Paris, Dunod, 1991.

(7) Mehan (H.), *Learning Lessons*, Harvard university Press, 1979.
(8) Ferber (J.), *Méthodes orientées agents et systèmes multi-agents*, LAFORIA, Paris VI.
(9) La démarche présentée est celle développée par AMS (*Action Management Systems*).

BIBLIOGRAPHIE

I. La santé

ANCELIN-SCHUTZENBERGER (A.), « Introduction au(x) psychodrame(s) », dans *Bulletin de Psychologie*, n° spécial *Le Psychodrame*, t. XXIII ; n° 295, 1969-1970.

ANZIEU (D.)., *Une peau pour les pensées*, Entretiens avec Gilbert Tarrab, Paris, Clancier Guenand éd., coll « Psychopae », 1986.

ANZIEU (D.), MARCHAND (F.), SERGENTET, « Propositions en vue du statut du psychologue » dans *Psychiatrie Aujourd'hui, Les Psychologues*, n° 8, mars-avril 1972.

BOLZINGER (A.), « Profils professionnels des psychologues cliniciens », dans *Psychiatrie Française, Les Psychologues,* n° 4, juillet-août 1984.

CABASSU (G.), « La protection maternelle et infantile », dans *Les Psychologues où sont-ils ? Que font-ils ?*, textes rassemblés sous la direction de COHEN (P.) et RIEU (J.P.), n° hors-série *Psychologues et Psychologies*, janvier 1994.

CANGUILHEM (G.), « Qu'est-ce que la psychologie ? » dans *Études d'histoire et de philosophie des sciences,* Paris, Vrin, 1970

CLÉMENT (R.), « Le psychologue praticien du psychique », dans *Bulletin de Psychologie. Les Psychologues cliniciens*, n° 394, janv.-mars 1990.

CLARK-WILLIAMS (M.), « Condamnation de la psychanalyse pratiquée par un non-médecin », dans *L'Hygiène Mentale*, n°1, XLIIe Année, 1953

DENNER (A.), « La psychologie et l'urbanisme » dans *Les psychologues où sont-ils ? Que font-ils ?*, janv. 1994, p. 227-230.

DOLTO (F.), « Questions à Françoise Dolto » dans *Les Psychologues entre la tentation analytique et la prise de pouvoir institutionnelle,* Cahiers de l'ANREP, 1983.

DOLTO (F.), Préface à MUEL (A.), *L'éveil de l'esprit chez l'enfant inadapté,* Paris, Aubier-Montaigne, 1972.

DOLTO (F.), « La boutique verte, histoire d'un lieu de rencontre entre adultes et enfants », dans *Enfants en souffrance*, Paris, Stock/Laurence Pernoud, 1981.

DUFLOT (C.), « Petite chronique provinciale des hôpitaux psychiatriques », dans *Bulletin de Psychologie*, n° 39, 4, janv-mars 1990.

FAVEZ-BOUTONIER (J.), « Psychologues et médecins », dans *Bulletin de Psychologie,* n° hors-série *La psychologie clinique, métier de psychologue*, 1956.

FRAISSE (P.), PIAGET (J.), *Traité de psychologie expérimentale,* t. I, *Histoire et méthode*, Paris, PUF, 1963.

FREUD (S.), *La technique psychanalytique,* Paris, PUF, 1967.

GAUTHIER (U.), JAUVERT (V.), SIGAUD (D.), « Douze méthodes pour vivre mieux », dans *Le Nouvel Oservateur*, n° 1431 du 9 au 15 avril 1992.

GEORGE (M.C.), « Histoire et éthique des psychologues, neutralité ou contre-pouvoir », dans *Bulletin de Psychologie*, n° 394, janv.-mars 1990.

GEORGE (M.C.), SAMACHER (R.), « Pratiques et évaluation des modes d'intervention des psychologues de secteur psychiatrique », dans *Bulletin de Psychologie*, n° 394, janv.-mars 1990.

HEUYER (G.), « Le problème des psychologues travaillant en collaboration avec les psychiatres », dans *L'Hygiène Mentale*, n° 3, XVIe Année, 1952.

ITARD (J.), « Mémoire et rapport sur Victor de l'Aveyron », dans MALSON (L.), *Les Enfants sauvages, mythe et réalité*, Paris, UGE, 1954.

LAGACHE (D.), *L'unité de la psychologie*, Paris, PUF, 1948.

MAILLARD (J.), « Psychologues au temps du SIDA », dans

Les psychologues où sont-ils ? Que font-ils ? n° hors-série *Psychologues et Psychologies*, janv. 1994.

Prévost (C.), *La psychologie fondamentale*, Paris, PUF, coll. « Que sais-je ? », 1994.

Rapoport (D.), « Psychologue enservice de Pédiatrie », dans *Bulletin de Psychologie*, n° 394, *Les psychologues cliniciens,* janv.-mars 1990.

Roudinesco (E.), *Histoire de la Psychanalyse en France. La bataille de cent ans,* t. I, 1885-1939, Paris, Le Seuil, 1986.

Samacher (R.), « Entre deux illusions : le psychologue... », dans *Cahiers de l'ANREP* 1/2 : *Les psychologues entre la tentation analytique et la prise de pouvoir institutionnel*, Paris, 1984.

Samacher (R.), « Quel avenir pour quelle(s) psychologies(s), pour quel(s) psychologues ? », dans *Bulletin de psychologie*, n° spécial *Les psychologues cliniciens, l'avenir de la profession : concevoir et décider,* n° 394, janv.-mars 1990.

Samacher (R.), « Psychologue clinicien, dix ans après », dans *Les Journées des Cliniciens de la PJJ*, nov. 1993.

Watzlawick (P.) Helmick-Beavin (J.), Jackson (D.), *Une logique de la communication,* Paris, Le Seuil, 1972.

Procès verbaux des réunions de direction de l'Institut de Psychologie – Institut de Psychologie, 29, rue Serpente 75006 Paris.

II. L'éducation

Ariès (P.), *L'enfant et la vie familiale sous l'Ancien Régime*, Paris, Plon, 1960 ; rééd., Le Seuil, 1973.

Chemouni (J.), « Psychanalyse et éducation », dans Kaufmann (P.) [ss. la dir. de], *L'apport freudien. Éléments pour une encyclopédie de la psychanalyse*, Paris, Bordas, 1993.

Debesse (M.), *L'adolescence*, Paris, PUF, 1943, 10e éd. 1964, coll. « Que sais-je ? ».

Debesse (M.), *Les étapes de l'éducation*, Paris, PUF, 1961.

DOLTO (F.), *L'échec scolaire. Essais sur l'éducation*, s. l., Ergo Press, 1989.

FREUD (S.), *Trois essais sur la théorie de la sexualité* (1905), Paris, Gallimard,

FREUD (S.), « Pour introduire le narcissisme » (1914), dans *La vie sexuelle*, Paris, PUF, 1969.

FREUD (S.), « L'analyse avec fin et l'analyse sans fin » (1937), dans *Résultats, idées, problèmes*, t. II, Paris, PUF, 1985.

GAGNEPAIN (J.), « Leçons d'introduction à la théorie de la médiation », dans *Anthropo-logiques*, 1994, 5, BCILL, Peeters (distribué en France par Vrin).

LECLAIRE (S.), *On tue un enfant. Un essai sur le narcissisme primaire et sur la pulsion de mort*, Paris, Le Seuil, 1975.

MARC (P.), *Les psychologues dans l'institution scolaire. Activités et problèmes actuels*, Paris, Centurion, 1979.

MUEL (F.) « L'école obligatoire et l'invention de l'école anormale », dans *Actes de la recherche en sciences sociales*, janv. 1975, I.

NIÈRES (I.), « Raconter, inventer. L'incompétence enfantine dans quelques romans pour enfants », dans ESCARPIT (D.), POULOU (B.) [ss. la dir. de], *Le récit d'enfant*, Paris, Éd. du Sorbier, 1993.

OSTERRIETH (P.), *Faire des adultes*, Bruxelles, Mardaga, 1964 ; rééd., 1988.

PIAGET (J.), *Psychologie et pédagogie*, Paris, Denoël, 1969.

PINELL (P.), ZAFIROPOULOS (M.), « La médicalisation de l'échec scolaire. De la pédopsychiatrie à la psychanalyse infantile », dans *Actes recherche en sciences sociales*, 1978, 24.

QUENTEL (J.C.), *L'enfant. problèmes de genèse et d'histoire*, Bruxelles, De Boeck, coll. « Raisonnances », 1993.

QUENTEL (J.C.), « "Enfant-symptôme" et parents empêchés », dans *Cahiers de Regards Cliniques*,1993, 19 (C.H.S., 229 bd Paul Lintier, 53100 Mayenne).

QUENTEL (J.C.), « La "faute" et sa logique dans le langage de l'enfant », dans *Glossa*, 1994, 39.

TANNER (J.M.), INHELDER (B.) *Entretiens sur le dévelop-*

pement psycho-biologique de l'enfant, Neuchâtel et Paris, Delachaux et Niestlé, 1960.

TRAN-THONG, *Stades et concept de stade de développement de l'enfant dans la psychologie contemporaine*, Paris, Vrin, 1967.

WALLON (H.), *De l'acte à la pensée. Essai de psychologie comparée*, Paris, Flammarion, 1942 ; rééd., 1970.

WALLON (H.), « Psychologie et éducation de l'enfance » (recueil d'articles), dans *Enfance*, 3-4, mai-oct. 1959.

ZAFIROPOULOS (M.), *Les arriérés : de l'asile à l'usine*, Paris, Payot, 1981.

ZAZZO (R.) *Le devenir de l'intelligence*, Paris, PUF, 1945 ; 2e éd. 1946.

III. L'entreprise et les organisations

BORDELEAU (Y.)., *La fonction de conseil auprès des organisations*, Montréal, Éditions Agence d'Arc Inc., 1986.

DUBOST (J.), *L'intervention psycho-sociologique*, Paris, PUF, 1987.

FLÜCK (C.), LE BRUN, CHOQUET (C.), *Développer les emplois et les compétences : une démarche, des outils*, Paris, INSEP Éditions, 1992.

GUÉRIN (F.) et alii, *Comprendre le travail pour le transformer*, Paris, Anact, 1991.

LEDRU (J.), MICHEL (S.), *Capital compétence dans l'entreprise, une approche cognitive*, Paris, ESF, 1991.

LESCARBEAU (R.), PAYETTE (M.)., *Profession consultant*, Paris, L'Harmattan, 1990.

LÉVY-LEBOYER (C.), *Traité de psychologie du travail*, Paris, PUF, 1987.

MINGUET (G.), PEREZ (Y.), COSTE (D.), *Devenir consultant junior. Essai sur les Socrate en culottes courtes*, L'Harmattan, 1995.

ROMELAER (P.), *Gestion des ressources humaines*, Paris, Armand Colin, 1993.

SAINT-ARNAUD (Y.), *Connaître par l'action*, Montréal, Presses de l'Université de Montréal, 1992.

TAPIA (C.), *Intégrer les jeunes dans l'entreprise*, Paris, Éditions d'Organisation, 1994.

TOUATI (A.), *Annuaire-guide de la psychologie*, Paris, Éditions Hommes et Perspectives, 1994, 3e édition.

WEISS (D.) [direction], *La fonction ressources humaines*, Paris, Éditions d'Organisation,1988.

L'intervention : sources et méthodes, Paris, *Connexions* n° 49, Éditions Erès, 1987.

Gestion des ressources humaines : la fin ou le début, FNEGE, *Revue Française de Gestion*, n° 98, mars-mai 1994

IV. La communication

BROCHARD (B.), LENDREVIE (J.), *Le Publicitor*, Paris, Dunod, 1970.

CHARVIN (F.), MARHUENDA (J.P.), *Communication des entreprises*, Paris, Eyrolles, 1991.

CROZIER (M.), FRIEDBERG (E.), *L'acteur et le système*, Paris, Le Seuil, 1977.

DOISE (W.), PALMONARI (A.), *L'étude des représentations sociales*, Delachaux et Niestle, 1986,

KAPFERER (J.N.), *Rumeurs*, Paris, Le Seuil, 1987.

KAPFERER (J.N.), THOENIG (J.C.), *La marque*, Paris, Mac Graw Hill, 1989.

LARCON (J.P.), REITTER (M.), *Structure de pouvoir et identité de l'entreprise*, Paris, Nathan, 1979.

LIEURY (A.), *Mémoire et réussite scolaire*, Paris, Dunod, 1991.

MARION (G.), *Les images de l'entreprise*, Mac Graw Hill, 1987.

MATALON (B.), *L'enquête et ses méthodes*, Paris, Nathan, 1992.

MEHAN (H.), *Learning lessons*, Harvard University Press, 1979.

MINSKY, *Société de l'esprit*, Inter Éditions, Paris, 1991.

MINTZBERG (H.), *Structure et dynamique des organisations*, Paris, Dunod, 1982.

SAINSAULIEU (R.), *Sociologie de l'organisation et de l'entreprise*, Paris, Dalloz, 1987.

SCHEIN (E.), *Organizational culture and leadership*, Londres, Josey Bass, 1985.

SCHWEBIG (P.), *Les communications de l'entreprise*, Mac Graw Hill, 1987.

STRATEGOR (Groupe HEC), *Structure, Stratégie, décision, identité*, Paris, EME, 1988.

Revue Française de Gestion, « Culture d'entreprise », nov. 1984.

VASTEL (D.), *Communication de crise. Faut-il parler, faut-il se taire ?*, Paris, Medias Pouvoirs n° 11, 1988.

GLOSSAIRE

Acteurs. Désigne des individus ou des groupes dans une entreprise qui agissent ou réagissent individuellement et collectivement aux situations auxquelles ils sont confrontés.

Le terme peut aussi être compris dans son sens métaphorique, celui de l'image du théâtre. L'entreprise définit la place de chacun (son statut, ses rôles, ses missions) selon un « texte » (la définition et la réglementation internes) prescrit. Toutefois, l'acteur joue son rôle, s'inscrit dans celui-ci ; il l'interprète, parfois le transforme au point de le modifier complètement.

Activités cognitives. Si l'on considère que le travail humain dans une organisation est une activité de traitement de l'information, les activités cognitives peuvent être abordées sous trois angles : les capacités (sensorielles, intellectuelles et motrices), le processus (types de fonctionnement et stades de développement), le style (argumentation, indépendance et dépendance par rapport au contexte). Par exemple, dans le domaine des compétences, l'approche cognitive consiste à décrire les démarches intellectuelles associées aux missions des salariés (ouvriers, employés, techniciens, cadres, etc.), c'est-à-dire les enchaînements, les raisonnements nécessaires pour accompagner toute mission.

Analyse transactionnelle. Elle consiste à débusquer les scénarios que nous répétons depuis notre enfance. Le thérapeute fait jouer à ses patients seuls ou en groupe des situations concrètes ; il s'agit alors de décrypter le sens caché et les messages paradoxaux de ces situations.

Anthropomorphisme. Tendance à décrire toutes les réalités et tous les phénomènes existants en prenant l'homme comme référence, en leur attribuant ses pensées et ses sentiments.

Animisme. Croyance qui attribue à tous les êtres et objets une même réalité à la fois matérielle et spirituelle.

Antipsychiatrie. Mouvement venu d'Angleterre après 1968 et dont les principaux instigateurs furent R.D. Laing et D. Cooper. Elle remet en question le statut donné à la folie par la société ainsi que les positions idéologiques traditionnelles de la psychiatrie.

Association libre. Procédé constitutif de la technique psychanalytique par lequel le sujet s'efforce d'exprimer les pensées qui lui viennent à l'esprit à partir d'un élément, par exemple d'un rêve, ou de façon spontanée en éliminant toute sélection volontaire, de manière à favoriser l'émergence des réponses.

Associationnisme. Systématisée par D. Hume, théorie qui cherche à expliquer toutes les opérations mentales (jugement, raisonnement) par l'association mécanique des idées.

Autre. Dans la théorie lacanienne s'écrit avec un A majuscule. Il s'agit d'un lieu qui introduit l'altérité, par rapport auquel se constitue le désir du sujet et qui va lui permettre de s'inscrire dans l'ordre du langage (lieu d'où viennent les paroles des parents et de l'environnement qui vont le marquer, lieu du trésor des signifiants).

Autre est à distinguer de l'autre semblable, partenaire imaginaire. La majuscule indique que le rapport à l'autre, constitutif du sujet humain, est pris dans un ordre préétabli relevant de l'ensemble des systèmes symboliques caractéristiques d'une culture.

Béhaviorisme. Théorie qui réduit la psychologie à l'étude scientifique du comportement, éliminant de fait la psychologie des profondeurs et l'introspection.

Bénéfice secondaire. Satisfaction directe ou indirecte qu'un sujet tire de sa maladie pour obtenir un gain supplémentaire de satisfaction.

Complexe. Terme forgé par l'école de Zurich (Bleuler, Jung). Il est référé aux expériences d'association proposées par C.G. Jung, provoquant une réaction aux mots inducteurs qui désignent un « complexe ».

Consultation ambulatoire. Consultation ne nécessitant pas d'hospitalisation.

Culturalisme. Doctrine sociologique et anthropologique qui accorde un rôle primordial aux déterminants culturels pour expliquer les institutions, les comportements humains.

Décentration. Dans la théorie piagétienne, processus par lequel l'enfant quitte progressivement l'état de « centration » initial qui était le sien (voir « égocentrisme ») pour tenir compte de plusieurs points de vue en les coordonnant. La décentration correspond par conséquent à la relativisation progressive du point de vue de l'enfant, relativisation fondée sur une prise de conscience de la « réversibilité » des actions et de la réciprocité des interactions avec autrui.

Diagnostic différentiel. Étude comparative d'hypothèses diagnostiques et choix du diagnostic le plus pertinent.

Diffusionnisme. Doctrine qui affirme que les coutumes, les croyances, les institutions se sont diffusées d'une culture à l'autre par emprunts réciproques.

Élaboration psychique.Travail de parole qui consiste à articuler les affects aux représentations dans une chaîne associative donnant accès aux significations.

Élaboration psychique. Désigne le travail accompli par l'appareil psychique pour mettre en forme, notamment par le travail de la pensée, les excitations issues du pulsionnel et du social. En psychanalyse, désigne plus spécifiquement la transformation de la quantité d'énergie pulsionnelle par déplacement ou liaison.

Égocentrisme. Concept forgé par Piaget dans le premier moment de sa construction théorique. Il désigne ce mode d'être, propre à l'enfant, qui le fait ramener tout à lui et ne pouvoir dans le même temps se dégager de son point de vue pour envisager celui de son interlocuteur. Le terme sera fortement critiqué par bon nombre d'auteurs pour des raisons liées à l'étymologie : les phénomènes dont Piaget rend compte témoignent en effet de l'absence d'un « ego » chez l'enfant. Aussi Piaget, sous la pression de ces critiques, le retirera-t-il – non sans regret. Il lui substituera celui de décentration*. Au-delà de Piaget et de l'enfant, le terme connote (proprement, cette fois) la tendance spontanée de tout un chacun à ramener le monde, dans le moindre échange, à l'*ego*, principe même de la singularité de la personne, et à faire valoir par conséquent ce qui n'est qu'un point de vue parmi d'autres comme une sorte d'universel qui s'imposerait naturellement à tous.

Empathie. Part de l'intuition clinique à l'origine de l'approche compréhensive d'un sujet, faisant intervenir l'expérience propre du clinicien en tant qu'elle fait écho à celle du patient. En psychanalyse, cette idée de « souffrir avec » a été travaillée et subvertie pour fonder l'analyse du transfert et du contre-transfert.

Ergonomie. Pratique professionnelle homologuée qui traite de l'homme dans ses rapports fonctionnels avec le travail. La recherche de l'efficience (meilleur rendement) dans le couple homme/machine et l'amélioration des conditions de travail constituent deux de ses domaines d'intervention essentiels. Son objectif est d'étudier et d'intervenir sur le travail afin de l'adapter à l'homme.

Ethnocentrisme. Tendance à expliquer et comprendre les autres cultures en prenant pour modèles et références ses propres normes.

Eugénisme. Doctrine prônant la nécessité de sélectionner, par élimination des inaptes, les espèces humaines et autres, dans le but de les améliorer.

Évolutionnisme. Synonyme de transformisme (Lamarck et Darwin), conception selon laquelle les espèces dérivent les unes des autres par transformation naturelle, de l'être le plus simple à l'organisme le plus complexe..

Exogamie. Principe fixant les alliances matrimoniales par choix des femmes en dehors du clan (opposé à endogamie).

Excision. Intervention sur le sexe féminin, consistant en l'ablation du clitoris seul ou du clitoris et des petites lèvres ; il s'agit d'une coutume ou d'un rite et non d'une prescription religieuse.

Fantasme. Scénario conscient, préconscient, inconscient qui met en scène le sujet avec éventuellement d'autres partenaires ; le sujet s'inscrit dans un rapport à un objet cause de désir qui se manifeste sous forme plus ou moins déguisée.

Finalisme. Principe philosophique puis croyance qui attribuent un but et une fin à tout.

Fixisme. Doctrine précédant l'évolutionnisme et s'y opposant, qui affirme la fixité des espèces vivantes.

Fonctionnalisme. Théorie qui accorde la primauté à la fonction d'un système.

Formation de l'inconscient. Ce qui échappe au sujet et qui va venir se manifester sous forme de rêve, mot d'esprit, oubli de nom, acte manqué, etc.

Historicisme. Mouvement de pensée, en plein essor au XIXe siècle, qui vise à rendre compte des faits humains quels qu'ils soient, en les rapportant au seul registre de l'histoire. Néanmoins, l'historicisme – qui a les plus étroits rapports avec l'évolutionnisme et l'approche génétique – est à distinguer de l'histoire, laquelle a son registre explicatif propre, non réductible à la logique. L'historicisme, par contre, se ramène à une logique que le descripteur développe et projette sur le phénomène étudié pour le rendre explicable. Ce descripteur réduit le phénomène historique au récit qu'il en fait, confondant le temps de l'histoire avec celui de la connaissance qu'il en prend.

Holistique. Dérivé d'holisme, théorie qui considère l'homme comme un tout irréductible à ses différents composants.

Idéal du moi. L'expression apparaît chez Freud dès 1914, mais son sens se précise surtout avec l'élaboration de la notion de surmoi *, liée à la deuxième grande théorie de l'appareil psychique, dite « seconde topique ». Elle désigne une instance particulière par laquelle le sujet se constitue un modèle idéal narcissique, auquel il va chercher à se conformer.

Identification. Processus psychique par lequel un sujet fait sienne une caractéristique d'autrui. L'identification suppose, plus qu'une pure assimilation ou une simple imitation, une réelle *appropriation*, c'est-à-dire une transformation de l'être même du sujet. Pour Freud, la personnalité est constituée par une série d'identifications sur le modèle de l'incorporation des traits d'identité d'autrui.

Imaginaire. Catégorie lacanienne à situer par rapport au Symbolique et au Réel. L'Imaginaire se conçoit à partir de l'image, c'est le registre du leurre, de l'identification à l'autre semblable.

Infibulation. Intervention rituelle, non prescrite religieusement, sur le sexe féminin consistant en l'éradication des organes sexuels externes, suivie d'une fermeture avec maintien d'un orifice résiduel.

Initiation. Procédure mise en place par certaines sociétés, à partir de laquelle celui qui n'était jusque-là qu'un enfant sera promu membre participant et contributeur de la société dans laquelle il s'insère. L'initiation se marque par des rites qui diffèrent d'une société à une autre. Il s'agit toujours, néanmoins, de souligner une coupure et un passage sanctionnant une nouvelle naissance : le jeune initié meurt, dit-on, à l'enfance pour naître à la vie adulte et à la responsabilité sociale.

Instances opérationnelle et fonctionnelle. L'instance opérationnelle se compose des membres de l'organisation dont le travail est directement lié à la production des biens ou à la fourniture des services.

L'instance fonctionnelle se compose d'unités spécialisées qui, en dehors du flux de production ou de services, ont vis-à-vis de ce dernier une fonction de support. Elle se divise en deux parties : la technostructure, la logistique.

Institution. Dans le champ de la psychologie, et plus particulièrement de la psychologie clinique et pathologique, la notion d'institution se trouve intimement liée à celle de Loi, processus au fondement même de la socialité. Elle indique un principe qui rend compte de la participation et de la contribution au social au-delà de l'insertion effective dans telle société. Le mouvement dit de « psychothérapie institutionnelle » est pour beaucoup dans la diffusion et la définition de ce terme, à partir du travail mené auprès de sujets psychotiques dont la difficulté se situe précisément au niveau éminemment symbolique de ce principe. Ce mouvement opère notamment une distinction entre *l'institution* qui renvoie à un tel processus saisi comme implicite, inconscient, et *l'établissement* qui se ramène à la manière dont le cadre se trouve matériellement agencé.

Jouissance « fourrée ». Satisfaction inconsciente à laquelle on tient et qui contribue au maintien du symptôme.

Légitimité. Principe qui découle de la structuration que l'homme opère de son désir. Il lui permet d'habiliter son comportement ainsi que celui d'autrui, c'est-à-dire de les reconnaître comme conformes ou non aux exigences qu'il se donne à lui-même, indépendamment des standards sociaux dans lesquels il baigne. La légitimité se fonde par conséquent sur une sorte d'Impératif catégorique qui ne doit rien aux contraintes sociales. Elle s'impose « intérieurement » à l'homme et constitue *l'éthique* dont il peut se prévaloir. Au demeurant, elle est dans un rapport étroit avec la culpabilité qui apparaît précisément au moment où il a, de façon indue à ses propres yeux, « cédé sur son désir ». La légitimité doit être ainsi distinguée de la légalité, au même titre que la culpabilité doit l'être de la responsabilité.

Mécanisme projectif. Terme utilisé en psychanalyse, mais vulgarisé pour désigner un procédé par lequel l'homme tend à « projeter » à l'extérieur de lui-même, autrement dit à attribuer aux autres des pensées, des sentiments qu'il se refuse à reconnaître comme lui appartenant.

Méthode longitudinale. Il s'agit d'une méthode d'observation s'appliquant au cours du temps, de façon répétée, au même individu. Elle peut relever de la méthode clinique comme étude prolongée de cas individuels mais peut concerner une méthode normalisée et quantifiée visant l'évolution d'une fonction (par exemple, données relatives au développement intellectuel d'un enfant).

Oligophrénie. Terme psychiatrique qui désigne les arriérations mentales en tant qu'insuffisances congénitales du développement de l'intelligence.

Opérations formelles. « L'intelligence opératoire formelle » correspond au dernier des stades de la théorie de Piaget. Cette période, qui débute vers 11-12 ans pour se terminer à 16 ans, signe l'achèvement de ce qu'il appelle les « structures opératoires ». Piaget définit l'opération comme « une action intériorisée réversible et coordonnée à d'autres en un système d'ensemble ». Les opérations formelles sont liées pour lui au raisonnement hypothético-déductif et à la logique des propositions. Ce n'est qu'à ce moment que l'enfant parvient véritablement à se libérer du concret, à penser le possible et à raisonner abstraitement.

Principe de réalité. Un des deux principes régissant selon Freud, le fonctionnement mental. Il forme couple avec le principe de plaisir qui a pour visée la recherche immédiate de la satisfaction. Le principe de réalité tient compte des limites imposées à la satisfaction par les exigences du monde extérieur.

Processus primaire. Mode de fonctionnement de l'appareil psychique défini par S. Freud. Le processus primaire est le propre du fonctionnement inconscient et de celui du rêve. Il utilise des mécanismes propres : condensation, déplacement, et obéit au principe de plaisir.

Processus secondaire. Complément du précédent, il contrôle les instances conscientes et préconscientes et obéit au principe de réalité, avec prise en compte de cette réalité : acceptation de la frustration et capacité à différer la satisfaction.

Psychotechnique. On parle aujourd'hui de psychotechnique essentiellement pour désigner le domaine particulier de la psychologie qui traite de l'application des procédures de tests d'efficience.

Q.I. Quotient intellectuel. Concept créé par l'Américain Terman, s'inscrivant dans la suite des travaux de Binet et Simon, lesquels, à partir de leur « échelle de mesure de l'intelligence », définissaient un *âge mental* de l'enfant. L'Allemand Stern avait déjà rapporté, à leur suite, cet âge mental à l'âge réel ; il parvenait, en 1912, à un « quotient mental ».

Le calcul à partir duquel on obtient un Q.I. est le suivant :

$$\frac{\text{A.M. (âge mental)}}{\text{A.R. (âge réel)}} \times 100 = \text{Q.I.}$$

Depuis Wechsler, on peut calculer, dans certains tests, le Q.I. (notamment chez l'adulte) en référant directement les résultats obtenus par le sujet à la moyenne statistiquement mise en évidence dans la procédure d'étalonnage de l'épreuve.

Réalité psychique. Elle désigne toutes nos représentations internes (fantasmes, souhaits, pensées...) qui peuvent ne pas tenir compte de la réalité et ne pas s'y inscrire. Plus précisément pour Freud, elle se trouve liée au désir inconscient et aux fantasmes qui en procèdent.

Réel. Le « Réel » ne se définit pour J. Lacan que par rapport au Symbolique et à l'Imaginaire. Le Réel est de l'ordre de l'impossible, il est ce qui ne peut être complètement symbolisé de la parole ou de l'écriture.

Schéma directeur. Dans une organisation donnée, ce terme désigne l'architecture dessinant les lignes principales, les choix essentiels, le développement, d'un ensemble complexe, qui permettent de le comprendre, de le représenter, de situer sa conformation ou son fonctionnement. Par exemple, le schéma directeur pédagogique dans une école a pour but de déterminer les grandes orientations d'éducation professionnelle pour les acteurs concernés et pour les partenaires extérieurs impliqués.

Schizoïdie. Désigne un type de personnalité défini par E. Kretschmer et mis en corrélation avec les psychoses. Au type de personnalité schizoïde, replié sur soi et peu syntone avec les autres, correspond la schizophrénie. Par opposition, à la personnalité cyclothymique correspondra la psychose maniaco-dépressive.

Signifiant. Dans la théorie lacanienne, il est constitutif du champ du langage. Il s'agit d'un élément du discours qui vient représenter le sujet et le déterminer. Le « signifiant » se retrouve dans tous les détours conscients et inconscients du langage.

Sociobiologie. Doctrine et courant actuels des sciences de l'homme qui accordent aux déterminants biologiques un poids fondamental pour expliquer les phénomènes sociaux et culturels.

Structuralisme. Créée par C. Lévi-Strauss avec *Les structures élémentaires de la parenté* (1949), cette théorie qui, à l'origine, relève de la linguistique, accorde à la structure ou au système un rôle primordial pour approcher une catégorie de faits sociaux, par exemple les règles de la parenté, de la prohibition de l'inceste.

Structure. Mode d'organisation du sujet lié à la résolution du conflit œdipien qui met en jeu un rapport à la castration. Freud a distingué trois structures : la névrose référée à l'angoisse de castration et au refoulement, la perversion référée au déni de la castration, la psychose référée à la forclusion, c'est-à-dire à la non-inscription d'un signifiant primordial qui met en jeu l'interdit de l'inceste au cœur du conflit œdipien.

Sublimation. Processus conceptuellement posé par Freud, correspondant à l'un des destins de la pulsion. Par la sublimation, malgré l'opération de refoulement et par-delà l'interdit paradoxalement fondateur du désir de l'homme, le sujet parvient à se donner la satisfaction par des voies dérivées qui aboutissent à des activités socialement acceptables et valorisées. Le processus de sublimation rend compte de la production artistique comme de toute élaboration culturelle.

Surdétermination. Processus qui désigne la pluralité des facteurs (conscients et inconscients) à l'œuvre dans la formation d'un phénomène psychique (symptôme, rêve, etc.).

Surmoi. Instance élaborée par Freud dans le cadre de sa seconde topique et placée aux côtés du *moi* et du *ça*. Le surmoi est l'héritier du complexe d'Œdipe qui joue dans la théorie freudienne un rôle fondamental dans la structuration de la personnalité. Se fondant en effet sur une *intériorisation* des interdits parentaux, il prolonge la sévérité de l'autorité extérieure. Le surmoi regroupe d'une part une fonction d'interdiction qui le lie à la constitution même de la conscience morale et, d'autre part, une fonction d'idéal du moi* utilisée de façon synonyme à certains endroits de l'œuvre de Freud.

Symbolique. Le Symbolique est à situer par rapport au Réel et à l'Imaginaire, il rend compte de la relation de l'homme au langage. L'ordre symbolique est une structure inconsciente, elle suppose les lois de la parole qui sont au fondement des systèmes d'alliance et de filiation spécifiques des sociétés humaines.

Système-expert. Outil informatique apparu au début des années 80, issu directement du champ de traitement de l'information. Un système expert est composé de trois éléments et de « fonctionnalités ».

Les trois éléments sont :

– la base de connaissances relative au domaine considéré : les faits saillants et permanents, l'expertise, le savoir-faire ;

– la base de faits relative à l'utilisateur : ses informations de départ, les données des vérifications que lui demande d'effectuer le système, les réponses partielles de ce dernier jusqu'à la réponse finale ;

– le moteur d'inférence ou interprétateur : il manipule la base de connaissances à partir de la question posée et des faits vérifiés, selon des modalités liées aux formes de représentation des connaissances adoptées et selon une ou plusieurs stratégies adoptées.

Les fonctionnalités reposent sur le système d'acquisition, de modification et de mise à jour des connaissances ; ce système permet un codage et une intégration plus ou moins aisés des règles, réseaux, propositions... nouveaux et rectifiés.

Test. En psychologie, et plus particulièrement en psychotechnique, épreuve ou ensemble d'épreuves standardisées auxquelles on soumet le sujet à partir d'une procédure codifiée, en principe identique pour tout le monde. La passation permet d'obtenir un résultat global qui, rapporté à des normes statistiques, renseigne sur l'efficience du sujet en fonction d'une population et d'une classe d'âge données.

Totémisme. Théorie en usage dans la sociologie et la psychanalyse selon laquelle le culte du totem constitue la forme primitive de la religion (pour É. Durkheim) et de la culture (pour S. Freud).

Transfert. Processus psychique inconscient, théorisé par Freud, à partir duquel le sujet répète sur la personne de l'analyste certaines relations qu'il a antérieurement vécues. Il désigne ainsi le moteur de la cure analytique.

Plus largement, le transfert recouvre le processus qui se

joue nécessairement entre deux ou plusieurs personnes dès lors qu'elles se trouvent en présence. Pris dans ce sens général, le phénomène est par conséquent constitutif de toute relation.

On parle de *contre-transfert* pour désigner l'ensemble des réactions inconscientes de l'analyste à son patient et, plus largement, celles du travailleur social à l'endroit des personnes rencontrées.

Transfert institutionnel. Il s'agit d'une extension au champ institutionnel du concept psychanalytique de transfert. Les désirs inconscients, les conflits infantiles refoulés, les passions (amour, haine, ignorance) se trouvent réactualisées dans les situations de groupe.

INDEX DES NOMS CITÉS

TABLE

LA SANTÉ

par Robert SAMACHER

L'ÉDUCATION
par Jean-Claude Quentel

L'ENTREPRISE ET LES ORGANISATIONS
par Guy MINGUET

LA COMMUNICATION
par François CHARVIN

ANNEXES

C. G. Jung

L'âme et la vie

références

ENCYCLOPÉDIES D'AUJOURD'HUI

ATLAS DE LA PSYCHOLOGIE

par Hellmuth Benesch

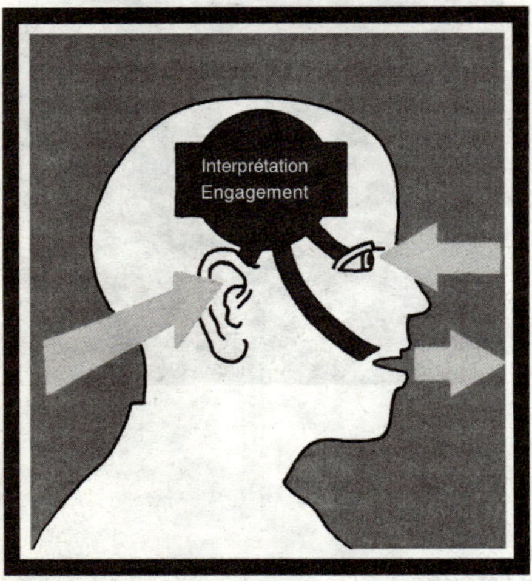

La Pochothèque

ENCYCLOPÉDIES D'AUJOURD'HUI

ATLAS DE LA BIOLOGIE

par Günter Vogel et Hartmunt Angermann

La Pochothèque

Lucien Jerphagnon

Histoire de la pensée

Philosophies et philosophes

1. Antiquité et Moyen Âge

LE LIVRE DE POCHE *références*

IMPRIMÉ EN FRANCE PAR BRODARD ET TAUPIN
Usine de La Flèche (Sarthe).
LIBRAIRIE GÉNÉRALE FRANÇAISE - 43, quai de Grenelle - 75015 Paris.
ISBN : 2 - 253 - 90522 - 4
42/0522/5